COLEÇÃO
TEMAS & EDUCAÇÃO

Anarquismos & Educação

Edson Passetti & Acácio Augusto

Anarquismos & Educação

autêntica

Copyright © 2008 by os autores

COORDENAÇÃO DA COLEÇÃO TEMAS & EDUCAÇÃO
Alfredo Veiga-Neto

CONSELHO EDITORIAL

Alfredo Veiga-Neto – ULBRA/UFRGS, *Carlos Ernesto Noguera* – Univ. Pedagógica Nacional de Colombia, *Edla Eggert* – UNISINOS, *Jorge Ramos do Ó* – Universidade de Lisboa, *Júlio Groppa Aquino* – USP, *Luís Henrique Sommer* – ULBRA, *Margareth Rago* – UNICAMP, *Rosa Bueno Fischer* – UFRGS, *Sílvio D. Gallo* – UNICAMP

EDITORAÇÃO ELETRÔNICA
Waldênia alvarenga Santos Ataíde

REVISÃO
Aiko Mine

EDITORA RESPONSÁVEL
Rejane Dias

Todos os direitos reservados pela Autêntica Editora. Nenhuma parte desta publicação poderá ser reproduzida, seja por meios mecânicos, eletrônicos, seja via cópia xerográfica sem a autorização prévia da editora.

AUTÊNTICA EDITORA LTDA.
Rua Aimorés, 981, 8º andar. Funcionários
30140-071. Belo Horizonte. MG
Tel: (55 31) 3222 68 19
Televendas: 0800 283 13 22
www.autenticaeditora.com.br

Dados Internacionais de Catalogação na Publicação (CIP)
(Câmara Brasileira do Livro)

Passetti, Edson

Anarquismos & Educação / Edson Passetti & Acácio Augusto. — Belo Horizonte : Autêntica Editora, 2008. — (Coleção Temas & Educação)

Bibliografia.

ISBN 978-85-7526-352-5

1. Anarquismo 2. Educação - Brasil 3. Educação - Filosofia 4. Educação - Finalidades e objetivos. 5. Liberdade 6. Mudança social 7. Política e educação I. Augusto, Acácio. II. Título. III. Série.

08-08589   CDD-370.115

Índices para catálogo sistemático:
1. Anarquismo : Pedagogia da libertação : Educação
370.115

*A educação é uma experiência,
um ensaio, e quando a pratico não a
faço para ser recompensado,
estimado ou considerado.*

Émile Armand

Sumário

Prefácio libertário 9
Capítulo I – Anarquismos na atualidade 11
Atravessando os anarquismos 31
Práticas anarquistas e educação no Brasil 53
Desobediências e disciplinas 73
Anarquizar a vida 93
Conversação 115
Sites 120
Referências 122

Prfefácio libertário

Foram muitas as transformações políticas radicais no século 19. Dentre elas, o anarquismo foi um acontecimento singular. Provocou abalos, fomentou práticas de contestação e inventou uma cultura libertária que ultrapassou as reivindicações político-econômicas da época.

Na segunda metade do século 20, o anarquismo foi assimilado até nas universidades, por meio de variadas encenações dirigidas a adequar e escolarizar sua existência no interior de métodos ou programas políticos e científicos. Ele serviu ao uso e abuso de liberais e marxistas, fornecendo matérias para a obtenção de títulos acadêmicos; foi reduzido a um pensamento social simplório e a uma prática política elementar, relacionados à infância da classe operária. Contudo, depois do fracasso do socialismo autoritário e das sucessivas crises do capitalismo, curiosamente as tentativas de apropriação do libertarismo não cessaram, e assim apareceram as modorrentas criaturas chamadas marxismo libertário e anarco-capitalismo.

A anarquia é indomesticável. Sua atuação incide no ambiente do indômito e se faz com regras móveis, esteticamente trabalhadas e transformadas. Ela é uma potência que acompanha pessoas interessadas em fazer tremer o tranqüilo campo da ordem, do método e da paz civil.

A educação para os anarquistas não começa nem termina na escola. Esta foi uma possibilidade histórica conhecida como *Orfanato de Cempuis, Escuela Moderna, La Ruche, Paidéia, Bonaventure* e muitas mais. Sua cultura inovadora foi capturada pelas escolas democráticas e conformada a um itinerário de reformas. A espontaneidade, a vivacidade e a entrega a uma experimentação capaz de produzir o extraordinário de cada um, acabaram em uma soturna convocação à participação como programa de conservação da ordem escolar.

Na sociedade disciplinar, a escola anarquista foi a resposta ao monopólio da educação pelo Estado, sob a forma de ensino nacional, laico e/ou confessional, como direito e obrigação de cada cidadão. Na atual sociedade de controle, o inventor de liberdades atualiza a educação anarquista como espaço de experimentação que sacode o imobilismo, subvertendo a docilidade, a disciplina e a obediência escolares.

A anarquia teve uma parte de sua vida preservada em inesquecíveis arquivos de memórias. Outras partes soçobraram como tradição embolorada, guardadas por sentinelas envelhecidas, incluindo uma prescrição modelar acomodada na rubrica "pedagogia libertária".

Estudar, trabalhar, cantar, dançar, rir, festejar, combater, revirar, inventar, abolir autoridades centralizadas, atitudes próprias dos anarquistas e que foram separadas, dissecadas, fragmentadas, compartimentadas, massificadas pelas repetitivas condutas do capitalismo e do socialismo, permanecem vivas e atuam, compassadamente, dando novas formas à impaciência da liberdade em associações e federações.

A anarquia e seus anarquismos atraem e propagam incômodos, perturbam a vontade de saber e incitam, na vida e na escola, à abolição do sistema de castigos e recompensas. Os anarquistas são guerreiros que inventam suas próprias batalhas e propiciam a emergência do extraordinário em cada um, na vida de cada único. A educação anarquista instiga ao combate, reconhece as intempestividades e provoca liberações.

Capítulo I

Anarquismos na atualidade

A vida na atualidade realiza acontecimentos trazidos pelo tempo e efetivados em espaços restritos ou ampliados, até mesmo extraordinários. Durante sua existência cada pessoa interfere nos eventos em sua volta, seja dando-lhes novos percursos, ignorando-lhes os rumos ou mantendo seus modorrentos itinerários. Por vezes, sob circunstâncias imprevistas, alguém é levado ao transbordamento das margens, dos limites, das fronteiras, das designações a respeito de onde devemos parar, sinalizadas por regras ou leis. Aí, ele se vê diante do caos e da beleza estonteante e experimenta liberdades.

A vida é mais do que reprodução biológica, mais do que criação celestial, mais do que o social, a filosofia ou uma utopia. Ela não tem uma origem restrita à grandiosa vontade de universo de Deus, nem na sua ira diante dos habitantes do paraíso e da prole fratricida. Tampouco, esgota-se nos efeitos das explosões, cataclismos, mortes repentinas e sopros pelas transformações das bactérias. As interpretações espetaculares sobre os começos da vida podem ser exclusivas, complementares ou mesmo fundirem ciência e religião. Mas, a vida própria não cabe numa definição, nem na mais gloriosa concepção. Ela simplesmente acontece, agora, neste instante.

A atualidade não se restringe ao passado redimensionado, nem ao anúncio do futuro. O presente é composto de passados, de elementos neles experimentados ou simplesmente anunciados. Na sua história as possibilidades de futuro espalham virtualidades surpreendentes: podem ser ficções que sinalizam para novas realidades, ou somente alertas para o perigo de decretar a morte de algo ou de alguém, sem estar atento para o fato que nele pode ter ocorrido um desvio, um descanso, uma deriva. Todavia, nem o futuro está determinado, nem o presente expressa todas as possibilidades que poderão acontecer na história. O futuro é o presente adiante, e depende de cada um: é a vida em movimento.

Diante do acontecimento está a vida: ela é concreta, imediata, superficial, intensa; mas, também, é real, mediada, profunda, rápida. Ela é, existe e é interpretada pelos efeitos da tensa relação estabelecida entre práticas, saberes, grandes idéias e até mesmo por um grande amor à humanidade pelo qual os governantes modernos fazem e refazem guerras. A vida está no combate constante entre as diversas forças conservadoras, que procuram manter relações pautadas no exercício de uma autoridade hierárquica mais ou menos centralizada, e os propiciadores de experimentações, que potencializam a liberdade. A vida, enfim, não se divide entre estes ou aqueles, porém, é como resultante dos confrontos e nos combates que cada força mostra sua existência, sua atualidade e sua virtualidade futura.

Os anarquistas fazem da sua vida uma experimentação de liberdades. Procuram dar-lhes forma no presente, e não se contentam com as idealizações; ao contrário, combatem-nas. Inventam costumes, maneiras de se relacionar com as crianças, os amigos, os amores, os prazeres, os trabalhos, as dificuldades, os conhecimentos, os temperamentos, as inovações e as conservações. Eles são muitos, eles também são poucos; eles variam, numericamente, segundo o desenrolar dos combates na história contemporânea. Não pretendem que o mundo se torne à sua imagem definitiva; não visam, como os democratas, nem a representação, nem o governo pela maioria circunstancial. Formam uma minoria preciosa: suas diversas maneiras de viver se articulam sem a necessidade de formar uma vertente hegemônica ou mais verdadeira. E na existência de cada anarquista reside sua potência de liberdade, construindo, diariamente, suas formas. A vida como combate não reside nas guerras, mas na existência do guerreiro que se recusa a ser soldado, a servir obediente a um comando superior. A vida libertária é composta por inacabadas batalhas por liberdades; não é um efeito de guerras em nome da paz, como reafirmam os tratados celebrados por Estados. A anarquia, como espaço de liberdade, segundo os quereres anarquistas, pode acontecer a qualquer momento e assim expressa os diversos anarquismos.

A vida dos anarquistas em suas formas inovadoras e permanentes traz as memórias de suas existências e também das suas resistências nas diferentes épocas. A lembrança oral, os documentos de época, os registros de lutas diárias estão ladeados de inovações trazidas nos costumes como o amor livre; a escola sem distinção de sexo e baseada no talento de cada um; o jeito de alfabetizar crianças e adultos, segundo suas predisposições intelectuais; o fortalecimento de uma imprensa própria; suas deliciosas festas, suas contestadoras peças teatrais encenadas por trabalhadores e trabalhadoras, suas refeições coletivas...

Para os anarquistas a vida era e é mais do que necessidade e direitos. Apreciam suas inovações incorporadas na vida de cada um: pode ser a corriqueira prática escolar das salas de aulas mistas, a convivência com o sexo – livre da culpa religiosa e da moral burguesa ressecada, ou mesmo do controle asséptico da medicina. Um anarquista não defende dogmas, mas as potências de liberdade. Persegue, sim, uma sociedade igualitária e justa, mas se educa para o presente atualizando seu passado e inventando futuros no prazer de viver sua própria vida, pois só quem tem vida própria sabe dar forma à liberdade.

Anarquia-anarquismos: memórias, resistências e invenção da vida

Século 21. As máquinas da indústria estão tomadas por robôs e as máquinas cibernéticas produzem mercadorias, produtos materiais e imateriais. Aos poucos, elas acolhem novas enciclopédias de consulta rápida, verbetes múltiplos, interpretações variadas sobre temas e episódios; trazem para dentro delas livros, artigos, notícias de jornais, filmes, vídeos e também as longas cartas e breves bilhetes para o trânsito rápido por e-mails, e as simultâneas conversas ao vivo captadas por câmeras... Criaram novas maneiras de informar e comunicar, de trabalhar e se divertir, de habitar mundos produzidos no interior das máquinas, de romper distâncias, refazer espaços, enfim, a vida passou por uma guinada radical: agora, além das relações de proximidades e distâncias de superfícies, se convive com o acesso ao espaço sideral.

Em brevíssimo tempo, desde o início dos anos 1990, o trabalho tornou-se preponderantemente intelectualizado; modificaram-se os empregos, os empresários, os políticos, a comunicação, a escola. A educação escolar, em especial, passa por uma guinada: o ensino humanista e técnico enfrenta reformulações prementes e inacabadas em função das incessantes novidades eletrônicas. Ao mesmo tempo, e ao lado da escola e da universidade redimensionadas, a vida ficou mais escolarizada. Proliferam as escolas de línguas, artes, modulações corporais e até de lazer para crianças, jovens e adultos. Os trabalhadores das fábricas e dos escritórios, com seus respectivos sindicatos, já fazem parte de um tempo passado que não acaba, assim como as práticas de contestação estruturadas em organização de classe ou ramos de produção, absorvidos pelas constantes negociações com burocratas civis, representando os proprietários, e os burocratas governamentais, decidindo em nome do Estado.

A escola disciplinar conformando o aluno em carteiras, livros, cadernos, lições e comandos do professor, também foi abalada pela Internet, que trouxe novas possibilidades de participação por meio de convivências em fluxos diversos de conhecimento, amizades, trocas, compras, preservações de áreas ambientais e até relações amorosas. Tudo isso redimensionou a relação entre professores e alunos, autoridades escolares e vigilâncias, presença de pais e profissionais, sempre em função de algo em formação, de uma busca interminável por institucionalização. Nem os partidos, nem os sindicatos, nem a escola disciplinar reformada dão mais conta das múltiplas mudanças que ocorrem na vida planetária. A política, o emprego e a formação escolar para vida obediente passam por uma revisão em que o valor superior que as governa é a democracia: todos estão convocados a participar e decidir *o melhor* para a empresa, o partido, a organização, a escola. Exige-se responsabilidade na decisão pessoal, social e ambiental; ética do que deve ser bom para todos. Vive-se uma época de atualização destas instituições e de emergências de possíveis novas institucionalidades que consigam regrar as novas relações sociais.

As mudanças na economia e na escola, na atuação dos empregados participando das decisões na empresa, na redução de investimentos sociais estatais coincidem com a disseminação de assistências e vigilâncias por Organizações não-governamentais (ONGs), com o crescimento das polícias, e, também, com as novas ocupações das regiões próximas e no interior das cidades por populações migrantes. Uma nova cara do capitalismo reconfigura os mercados e os liberalismos instalados nos governos do Estado, nas instituições e até mesmo nas próprias pessoas. Seu novo perfil combina decisões de maioria com variações de penalidades, visando inclusões e normalizações. Esta vida democrática vai mais longe, propõe adesões e abdicações às resistências; pretende suprimir a relação entre posicionamento e contraposicionamento de forças que predominou na sociedade disciplinar. Foi aí que outra reviravolta, também no início da década de 1990, deu fim à chamada Guerra Fria entre os capitalistas e os socialistas: desmontou o socialismo soviético e redesenhou a ditadura do proletariado na China, acomodando-a às exigências do mercado capitalista.

Os anarquistas alertaram, nos dois últimos séculos, não só para a inviabilidade da tirania na modernidade, mas para o fato de ela não ultrapassar o tempo de um episódio efêmero e cruel. Nela incluíram o socialismo autoritário, resultado de uma construção idealista da igualdade socioeconômica dirigida por uma vanguarda intelectual e política, comandando um regime ditatorial incapaz de suplantar o regime da propriedade. No socialismo estatal ou autoritário, segundo os anarquistas, a propriedade privada passaria gradativamente à condição de propriedade estatal, em nome do governo do proletariado, sob o domínio da vanguarda. Mudava-se o soberano e o regime político, mas permanecia a vida organizada pela propriedade.

O neoliberalismo ultrapassou o socialismo autoritário na URSS dissipando-o pacificamente, ou subordinando-o, como na China, segundo os benefícios lucrativos oferecidos à vanguarda do partido da revolução. Nesta nova ordem, o socialismo autoritário deixou de ser um contraposicionamento ao capitalismo, ou, como gostavam de se auto-intitular seus defensores, a principal e madura força política de resistência. Em pouco tempo, seus teóricos notaram a necessidade de repensar o *velho* socialismo, e passaram a agir, também, sob o efeito da democracia e das novas relações de produção com base nas máquinas cibernéticas. Mesmo assim, e por isso mesmo, a questão da propriedade permaneceu intocada.

Pierre-Joseph Proudhon (1809-1865) deu o alerta inicial sobre a história dessa permanência em *O que é propriedade?*, de 1840. Neste seu longo ensaio, concluiu não haver regime da liberdade enquanto houvesse propriedade, simplesmente porque em seu interior sempre persistiria a justiça do mais forte (físico e mental) sobre o mais fraco. Para ele, a propriedade na história se escora tanto na vontade do patriarca do passado como no direito universal no presente ou no futuro; portanto, na realização dos interesses particulares, em nome do sobrenatural ou do universal laico. Proudhon, ao dizer que *a propriedade é um roubo!*, caracterizou o regime da propriedade imperial, senhorial, individual ou coletiva como a educação das pessoas para a vida obediente, o conformismo, a adesão ao soberano, ao chefe, ao senhor, ao condutor.

> Ser governado significa ser vigiado, inspecionado, espiado, dirigido, valorado, pesado, censurado, por pessoas que não têm o título, nem a ciência, nem a virtude. Ser governado significa, por cada operação, cada movimento, cada transação, ser anotado, registrado, listado, tarifado, carimbado, apontado, coisificado, patenteado, licenciado, autorizado,

apostrofado, castigado, impedido, reformado, alinhado, corrigido. Significa, sob o pretexto da autoridade pública, e sob o pretexto do interesse geral, ser amestrado, esquadrinhado, explorado, mistificado, roubado; ao menor sinal de resistência, ou à primeira palavra de protesto, ser preso, multado, mutilado, vilipendiado, humilhado, golpeado, reduzido ao mínimo sopro de vida, desarmado, encarcerado, fuzilado, metralhado, condenado, deportado, vendido, traído e como se isso não fosse o suficiente, desarmado, ridicularizado, ultrajado, burlado. Isto é governo, esta é sua justiça, esta é a sua moral. (PROUDHON, *Idéia geral da revolução no século 19*)

Emergência do terrorismo anarquista e do anarco-sindicalismo

A anarquia não se confunde com o conhecido conceito da economia liberal de positividade do mercado e também se afasta do suposto planejamento da economia como meio para se atingir a liberdade, amplamente defendido pelos socialistas reformistas ou revolucionários ao proporem o *definhamento* da propriedade privada ou monopolista. A anarquia é o regime econômico da posse e não existe com a finalidade de meter medo, provocar baderna, bagunça, alvoroço, nem tampouco se exercitar pela prática do terrorismo ou do uso da violência. Na fase atual do capitalismo, a anarquia permanece como uma das últimas resistências e, ao mesmo tempo, uma inaugural linha de fuga, capaz de instar novas experimentações.

Entretanto, se não é incomum encontrar nas páginas dos livros de humanidades referências aos anarquistas como defensores da liberdade e desbravadores do socialismo sem Estado e propriedade, também não é raro ler pejorativas interpretações que os situam, ora como precursores de movimentos socialistas e comunistas numa fase pré-política, e, portanto, ultrapassados após o *sucesso* da revolução bolchevista, ora como meramente agentes violentos e terroristas.

Como os pacifistas anarquistas, desde Proudhon, teriam se transformado em intempestivos terroristas? O massacre praticado pelos exércitos europeus sobre a libertária experiência da Comuna de Paris, de breve vida entre março e maio de 1871, contribuiu para ampliar a influência da organização do proletariado em partido político e de formular uma consciência política para a revolução. O pacifismo anarquista, então, encontrou seu limite na ação terrorista, que entre o final do século 19 e início do 20, atingiu um certo número de casos com surpreendente repercussão na imprensa.

Jovens anarquistas intempestivos, principalmente entre os italianos e os franceses, geralmente analfabetos, partiram para a *ação direta*[1] por meio de disparo de bombas em espaços públicos privatizados e atentados contra a vida de reis, príncipes e princesas. Pretendiam chamar a atenção do povo para a ostentação da riqueza e do poder de homens e mulheres, escancarando as injustiças do governo e da propriedade. Foram cruelmente combatidos por governos, empresários, sindicatos e até pela própria imprensa operária. Suas ações, segundo as mais contraditórias tendências políticas, serviram para justificar ações mais repressoras de Estado que passou a identificá-los com os mais reles dos delinqüentes, um irresponsável perigoso, mais um anormal, enfim, nada mais que um *criminoso comum*. Vistos desta maneira, acabaram combatidos com a violência da polícia e o rigor penal da apressada justiça, condenando-os à morte ou à prisão perpétua. Apartados dos *bons trabalhadores* e até mesmo dos *verdadeiros revolucionários*, os terroristas anarquistas, também muitas vezes renegados por outros libertários, serviram para fortalecer o argumento dos partidários marxistas, que defendiam a ação organizada da revolução pelo partido político detentor da consciência revolucionária e que denunciavam pela ação dos terroristas o fracasso do espontaneísmo anarquista.

---

[1] A prática da *ação direta* realiza a recusa dos anarquistas à representação. O termo procede dos atentados terroristas do final do século 19, chamados *propaganda pela ação* ou *propaganda pelo fato*, condensando, numa única atitude, revolta e revolução. Mais tarde, a ação direta foi redimensionada como prática sindicalista voltada para greves até a formação de uma greve geral capaz de colocar o capitalismo em derrocada final. A *ação direta* também se relaciona com a política no sentido de bloqueio à representação e às mediações peculiares ao parlamento, aos sindicatos e aos partidos.

Enquanto os marxistas procuravam educar o povo para a revolução, a partir de uma consciência revolucionária científica direcionada para a tomada do Estado, os anarquistas voltavam-se para suas associações como experimentações livres e igualitárias no presente. Compreendiam a educação como ato contínuo, consideravam a ciência um bem, mas não uma determinação sobre a vida, e viam no revolucionarismo marxista uma maneira vanguardista do domínio das consciências para o controle da propriedade.

Em resposta à expansão do marxismo e em função do refluxo anarco-terrorista, apareceram na Europa os sindicalistas revolucionários. Do seu interior despontaram os anarco-sindicalistas defensores do sindicato como meio de *ação direta* contra a propriedade e o Estado, e foi assim que o pacifismo anarquista inaugural de Proudhon cedeu lugar à possibilidade do fato revolucionário que levaria ao *comunismo libertário*, reiterando os danos irreversíveis ao trabalhador que aderisse à *massa* dirigida pelo condutor de consciência. Para os anarquistas, retomando sua influência no movimento operário, os vanguardistas revolucionários não passavam de novos pastores, não mais crentes em Deus, mas nem uma Razão inquestionável. Vida livre para os anarquistas dependia de educação livre de Estado, Igreja e Ciência. Mikhail Bakunin (1814-1876) alertava não só para o fato de os cientistas passarem a ser os novos sacerdotes fundamentados em suas belas, altruístas e contundentes evidências, tornando-se proprietários da Ciência, mas também para outro fato, o de que nem a família, nem a escola, nem o Estado podiam ser proprietários da futura liberdade de uma criança.

As lutas entre autoritários e libertários, que começaram nos embates na AIT (Associação Internacional dos Trabalhadores), prolongaram-se pela Revolução Russa e na Revolução Espanhola, e escancararam os alertas anarquistas contra a tirania da *praxis* da ditadura do proletariado. Se o terrorismo anarquista foi momentâneo em decorrência de uma ação esmagadora e genocida do Estado contra o povo livre, a tirania dos socialistas autoritários se acomodou às práticas do terrorismo de Estado inaugurado com

Revolução Francesa, em nome da preservação dos ideais revolucionários.[2]

Nem o circunstancial terrorismo anarquista, nem a estrutural violência revolucionária marxista puderam conter a expansão do capitalismo com base na administração de uma suposta paz interna e conflitos bélicos no exterior. O nacionalismo, o poder de consumo, o efeito embriagante da representação política fortaleceram o Estado, os exércitos, as polícias e os tribunais. Ainda que o anarco-sindicalismo na Espanha trouxesse ameaça ao capitalismo, a defesa da propriedade pelas forças democráticas da Europa associadas ao fascismo de Franco e à inacreditável adesão comunista, encerraram uma fase do anarquismo de confronto direto com o Estado, visando a imediata sociedade anarquista.

Anarquismos e o *Maio de 68*

Depois da Revolução Espanhola e da 2ª Guerra Mundial, ocorreu a disputa entre socialistas e capitalistas, autoritários e democratas, todos crentes na ação cada vez mais presente de Estado na economia e na vida cotidiana. Os capitalistas democratas precisavam encontrar meios para retomar o liberalismo, tendo em vista não só as distorções nacionalistas temporárias como o fascismo e o nazismo, mas também os efeitos restritos e paliativos de uma política de bem-estar social que se propunha a rivalizar com o socialismo. Os neoliberais, desde suas primeiras reflexões nos anos 1930, na Europa e nos Estados Unidos, consideravam que o combate no interior do *intervencionismo estatal* era incapaz de derrotar o socialismo e que isso somente administrava, temporariamente, o conflito. Era preciso uma ação mais radical de redução das atividades de Estado, incluindo supressão de direitos sociais, corte nos gastos com previdência, redução de impostos, um retorno ao controle da vida pelos cidadãos nos bairros e comunidades... Mas quando?

---

[2] Sobre os terrorismos anarquistas, ver MAITRON, 2006.

Entre o sonho neoliberal e a realidade confusa da propriedade cada vez mais estatizada, do imperialismo, da expansão socialista na Europa e nas Américas, aconteceu o *maio de 1968*, momento de contestação simultânea do socialismo e do capitalismo. E, como todo acontecimento tomado por rebeldes insurgentes, este também sinalizou, tanto para a invenção da vida livre quanto para sua reversão simultânea em vida conservadora e reativa. Se no século 19 o exército europeu reprimiu violentamente a Comuna de Paris, agora o efeito desterritorializador do *maio de 1968* levou a maneiras policiais de combate às experimentações de liberdade e de espertas capturas das invenções por governos e empresas, reciclando o capitalismo e abalando a suposta consolidação do socialismo.

68 foi o acontecimento que transbordou a fronteira entre o consumo capitalista e sua democracia belicista, e, simultaneamente, o socialismo internacionalista com base na ditadura e repressão. Mostrou que ambos procuravam, com os mesmos meios militares, controlar populações e governos sob suas influências: a seu modo, a democracia no capitalismo apontava a si mesma como destino inevitável e útil para a humanidade; por seu lado, o socialismo (soviético ou chinês, que ganhava impulso em 1968, com base na sua *revolução cultural*, ditada por Mao Tsé Tung) se mostrava como inevitável etapa superior da humanidade. As guerras, as invasões, as opressões e as ameaças de confronto nuclear eram mais do que efeitos de suas superioridades e das determinações históricas. O acontecimento *maio de 68*, não se restringiu ao ano de 1968, problematizou as certezas de cada lado e a estúpida administração da guerra nuclear.

Na Europa, nos Estados Unidos, no oriente e no ocidente, na América Latina e no Brasil também, jovens insatisfeitos com ditaduras do consumo ou da política começaram a tornar insuportável a vida dos governos e das empresas. Os questionamentos não se limitavam ao Estado, suas políticas internacionais ou à administração das guerras civis, à insuportável convivência com ditaduras fascistas advindas da 2ª Guerra Mundial, como em Portugal e Espanha, mas também às novas ditaduras militares latino-americanas que se institucionalizavam.

Disseminavam-se guerrilhas pelo oriente e pelas Américas, o culto ao líder e à sua palavra pela juventude chinesa, o vaivém revolucionário na África, e também o palavreado democrata dos governantes estadunidenses. Os costumes conservadores, abalados desde o fim da 2ª Guerra Mundial, encontravam no vigor dos jovens, nos seus descasos com a política institucional e na intensa estima pelo amor livre, as condições propícias para serem desmantelados. Foi assim que a política e o sexo, as duas interceptações da vida moderna, livres por instantes, problematizaram a existência em escala planetária.

Os jovens de 68 deram as costas à estrutura sindical vinculada aos negócios de Estado e empresas. Libertaram-se de comandos, chefes e líderes. Deram pouca importância às respeitáveis orientações e convicções político-ideológicas dos pastores. Passaram a experimentar novas maneiras coletivas de viver a partir de suas individualidades e liberdades; agiram fora dos ditames do Estado, sem temer desertar do exército ou usar de meios de comunicação alternativos, como rádios livres e panfletos comunicando outras informações e atuações; exercitaram a liberdade de pensar e agir, fraturando limites, dogmas e princípios liberais. Fizeram uma revolução molecular, como sinalizaram anos mais tarde os filósofos Gilles Deleuze e Félix Guattari, descodificando os direitos civis, os aprisionamentos articulados pelos direitos políticos, as insuficiências contempladas nos direitos sociais e os limites instransponíveis colocados pela propriedade com sua capacidade de capturar inovações para moldá-las em compartimentos sóbrios. Estes jovens queriam expor seus desejos e efetuar quereres sexuais, interromper as discriminações raciais e étnicas, romper com modelos morais e estéticos até abalar, ou mesmo suprimir, a propriedade.

Em grande parte estavam fartos do Estado e dos governos; sabiam que os direitos ao salário-desemprego, à previdência social e outros similares eram efeitos de programas para amortizar a miséria e manter os miseráveis. Não acreditavam mais em ensino público ou privado, pois sabiam que a educação escolar era simplesmente um monopólio do Estado tanto quanto o uso legítimo da violência. Estavam em confronto com o Estado e não pretendiam negociar com ele. Eis uma revolução molecular; eis uma revolução de inspiração anarquista: uma revolução que começa pelas resistências às microfísicas dos poderes como chamou Michel Foucault, outro filósofo que emergiu com o *maio de 68*. Uma revolução permanente como defendia Proudhon.

Enquanto catedráticos universitários, burocratas de partidos políticos, sindicalistas profissionais e militantes dirigidos pelas lideranças bradavam e atestavam desde o final da Revolução Espanhola a morte, o desaparecimento, a ultrapassagem do anarquismo como modo de vida, os acontecimentos de *68* mostravam que ele estava vivo, atuando e propiciando liberdades. Mais do que isso, sua presença marcante nas pequenas revoluções mostrou quanto é imprestável uma decisão arbitrária sobre uma força social e política em nome da Idéia, do Espírito, da Humanidade ou da Revolução. O anarquismo mostrou sua presença no que tem de mais vivo, forte e atuante: a reviravolta na educação, nos costumes, na existência associativa capaz de experimentar práticas de liberdades que inibam, contenham e suprimam os exercícios da autoridade hierárquica. Era preciso mais do que problematizar, romper com as interdições do sexo e da política. O libertarismo de *maio de 68* o atingiu e gozou!

O anarquista, também um herdeiro do Iluminismo, foi inaugural ao questionar a educação universal pelo Estado. E o fez, simultaneamente, como crítica e repulsa à escolarização clerical. Ele não viu na escola disciplinar universal um meio de acesso à autonomia individual com fortalecimento da liberdade, como fizeram o burguês e os demais socialistas. Ao contrário, notou que a escolarização como acesso à educação universal é a mais eficiente e eficaz maneira pela qual se educa para a obediência a uma autoridade hierárquica, aos interesses particulares em nome da humanidade, aos conteúdos alheios aos indivíduos livres, enfim, aos deveres como direitos. A escola ajusta e conecta cada criança e jovem às necessidades tecnológicas, políticas e filosóficas específicas. Fascista, socialista ou democrática, ela educa para a obediência, para formar um cidadão cumpridor de deveres tanto quanto uma rês no rebanho segue o pastor e seus cães; ela atua, segundo os momentos históricos, em função da manutenção de sua estrutura fundada na relação poder-saber, da autoridade superior de quem ensina e do dever de quem obedece para um dia vir a tornar-se uma pessoa de sucesso, líder respeitado e cioso de suas recompensas e castigos. Ela é propriedade do Estado!

O anarquista também notou, rapidamente, como a proliferação de idéias e práticas novas, no final dos anos 1960 e início dos anos 1970, incomodaram radicalmente democratas e socialistas. O abalo ético-estético de *68* gerou a reação conservadora. Esta se chama força capitalista liberal pluralista e não só pressiona as ditaduras socialistas até seu limite, levando-as à derrocada como na URSS. Ela defende e dissemina uma pletora de direitos controlados por governos, respondendo e inibindo as demandas libertárias por práticas sexuais, as afirmações de etnias discriminadas, as liberações de mulheres e diversas outras experimentações de minorias, efetivando suas capturas por meio de conformações sociais multiculturalistas e pelo pluralismo político. Aos poucos, este abrangente liberalismo faz crer que somente a democracia realiza qualquer direito; situa com rigor estratégico e tático um traçado político para demonstrar que o excesso de direitos sociais sustentados pelo Estado por meio de variados impostos e sua correlata intervenção na economia foram os responsáveis não só pela estagnação econômica, mas pelas revoltas sociais e danos a cada um. Então, o que foi efeito da exclusão de grande parte dos indivíduos e fraquejo moral dos superiores, agora será sanado com filantropia cidadã por meio de serviços locais de atendimento das populações, também conhecida como ética da responsabilidade, juntando indivíduos, empresas e governos.

O liberalismo pluralista capturou grande parte das inovações libertárias que atravessaram e ultrapassaram *68* e, com isso, não só estancou como agenciou os demais socialistas capturados em função da crença não só na democracia representativa, mas principalmente em sua nova face, a da participação nas decisões de governo. Onde no passado atuou o Estado com programas sociais, agora governam as ONGs;

onde aconteceu experimentação de vida, gracejam direitos e deveres; onde havia grupos e associações livres, sedimentaram-se guetos e comunidades à espera de novas elites locais capazes de controlar os bons e maus cidadãos com suas polícias próprias.

A educação para a liberdade abalou a escola, mas deu-lhe tempo para respirar. Ela se viu, rapidamente, envolvida com as novas reformas: tornou-se menos autoritária, democrática em diversas ocasiões, e fortaleceu a centralidade do seu poder por meio da descentralização administrativa como forma de governo. A escola ainda é o meio mais eficaz para se obter obediência de uma criança, juntamente com a família e a religião; ela se ajustou aos costumes e fez da maleabilidade o exercício principal de sua autoridade para introduzir a atualização do trabalho, segundo as novas tecnologias. Serão possíveis novas liberações com a atual escolarização?

Educação e escola: primeiras anotações

Só há escola porque existe criança. É sobre ela, seu corpinho pequeno e mente aberta que se investe em formatação para o trabalho, a política, os esportes, as especializações. A criança é recebida com desconfiança pela escola; seus adultos duvidam imediatamente não só dos olhares, gestos e movimentos da criança, mas do menor sinal de desvio do padrão esperado. A criança na escola está conformada no interior de uma designação genérica chamada infância, estratificada em idades segundo aquilo que se espera para a cognição e distribuída em *classes* segundo as análises e acompanhamentos de educadores e profissionais especializados.

A criança diante dos especialistas escancara a decisiva presença do imprevisto. Ela é uma potência de liberdade assustadora; é a imagem que mete medo em cada autoridade escolar, antes de qualquer coisa pela capacidade em reavivar na memória a tristeza da liberdade e da espontaneidade perdidas: ninguém volta a ser criança; ainda que muita professorinha tente infantilizar-se no decorrer de uma *aula*, pretendendo recuperar sua antiga condição idealizada. A professorinha desempenha mais uma conduta reafirmadora da vontade de disciplina da escola, da obediência necessária à inibição de atitudes inovadoras, pois é por meio do gesto infantilizado que ela reitera o exercício de sua intransigente autoridade, seja pelo uso da força, seja pela tolice jocosa da mimese. A professorinha, como toda autoridade escolar, sabe que uma criança não é boa ou má, é apenas cruel, de vez em quando, e adorável quando dela se espera encantamento. Todavia, a moral advinda do Iluminismo e construída com base nos milenares valores judaico-cristãos redimensionados governa o investimento na consolidação da criança normalizada com seus impulsos domesticados; propositalmente, a escola e o aparato filosófico e científico que a ladeia, descuidam ou tergiversam sobre os deslocamentos imprevisíveis repletos de intensas afetividades.

Uma criança é mais e menos que um ser inocente ou um pequeno recipiente potencialmente inopinado que deve aprender a viver reconhecendo e respeitando limites. Espera-se que ela seja educada para aprender a conter intempestividades, ajustando-se e apreciando a ciranda dos direitos e dos deveres. Por que, então, ela não pode ser captada por quantidades de mais e de menos? Simplesmente porque é ela que dá ou reintroduz no adulto a surpreendente experiência de vida com o acaso.

É impossível restringir a educação universal à escola. A educação universal governa a vida de cada um, da casa para a escola, trabalho e lazer; forma o cidadão convicto e responsável de hoje, e até mesmo o pequeno delator, o fascista cultivado da menoridade à maioridade jurídica, da infância à adolescência e à vida adulta. A escola pode tudo, não por ela mesma, mas pelo seu relevante desempenho institucional ao lado da família, religião, polícia, trabalho, política... formando o aluno, o filho, o crente, o vigilante, o penalizador, o produtivo, o leitor, o adorador de ídolos. Nossa cultura moderna se sedimentou na crença no conhecimento laico, na importância da fé no sobrenatural governado por pastores e igrejas, na atuação direta de mães, pais e familiares, nas relações de vizinhança, polícia e política; enfim, esta vida fundada na razão e na religião, atravessando a existência da família ao Estado, depende da capacidade de punir e de obter obediência pelo medo ao castigo. Razão, justiça, religião, pais, polícias, políticos, mestres educadores e técnicos humanistas crêem que o castigo propriamente dito ou a ameaça de punição, por meio de dores no corpo e na mente, ajustam desobedientes, desviados, anormais, bandidos, perigosos, subversivos. Acreditam que, por meio de punições e penalizações exercitadas por tribunais que vão da casa ao Estado, passando obviamente pela escola, é que se garante a propriedade, inclusive de mulheres, filhos, enteados, alunos, doentes, mão-de-obra, eleitores, soldados e demais integrantes do rebanho.

Esta fortalecida rede composta de pessoas refazendo normas, leis, condutas, contestações previstas e previsíveis, consentimentos e repressões, inesperadamente se vê obrigada a enfrentar, por sobre tudo e por baixo de todos, os efeitos libertários advindos do acaso e que arruínam a cultura do castigo. Em um determinado momento, a boa, zelosa e quase já temerosa criança surpreende e propicia uma reviravolta que nenhum professor, pediatra ou psiquiatra consegue domesticar, diminuir ou curar. Instala-se na zona do medo a existência ameaçadora da criança no limite da esperada anormalidade!

Até uma época muito recente em que predominavam relações disciplinares, as atitudes insuportáveis da criança inventiva e imprevista, geradora de uma situação inédita eram vistas como desviantes e, para tal, a ela se destinavam tratamentos exemplares que iam desde o atendimento individual, personalizado e familiar, até a medicação e a internação asilar. Os pais, acreditando no saber científico exercido por especialistas dentro e fora do Estado, a eles destinavam a tarefa de curar o desajuste dos filhos ou simplesmente administravam-nos em instituições de recolhimento de *menores* quando desistiam de conviver com sua *criança problema*.

O acaso se interpõe na vida de uma pessoa, muitas vezes interrompendo os enfadonhos efeitos dos exercícios dóceis ou até mesmo violentos da força na família, na escola, nas ruas, nas proximidades que cercam a vida de uma criança. Na atualidade, quando as práticas de prevenção e controle da vida *desajustada* tornam-se cada vez mais abrangentes, as crianças desde cedo são medicadas com o intuito de contribuir para a contenção de sua atitude contestadora inaugural, muitas vezes associada a uma doença como *hiperatividade*. Pretende-se, mais do que encurtar o tempo de disciplinamento, com o uso de medicamentos eficientes introduzir a conduta conformista, normalizada e *saudável* na criança. Em função do tempo reduzido de convivência com seus pais, que, quando empregados, freqüentam múltiplos empregos ou ocupações, a criança cresce desfrutando de um restrito tempo livre com eles. Espera-se, todavia, que esse tempo vivido conjuntamente, mesmo mínimo, seja salutar, alegre e feliz. É no imediatismo destas relações que desaparece ou fica reduzido o tempo para notar a fraca intensidade dos afetos e a pouca disponibilidade para observar os deslocamentos provocados pela criança.

A farmacologia chega para reintroduzir a alegria e a tranqüilidade entre pequenas crianças e seus pais, complementando a jornada escolar, as demais atividades escolarizadas e as múltiplas *ajudas* fornecidas por especialistas na administração do uso das energias da criança. Vivemos uma época em que a mente e o corpo delas estão duplamente ocupados. A primeira, de maneira obediente e comunicativa, deve preparar cada um para a produção futura por meio de especializações destinadas a preencher o tempo do trabalhador em múltiplas ocupações; a segunda preserva as forças e jovialidade de um corpo hedonista que expressará, publicamente, a tentativa de sucesso de cada um. Neste *novo mundo* é inaceitável ser obeso desde pequeno em nome das prescrições da boa saúde, para o presente e o futuro: o gordo e a gordinha são mórbidos! Não têm vida saudável: a química de seu corpo em descompensação gera uma ambivalência psicológica. Inverteu-se, então, o padrão burguês dos séculos 19 e parte do 20, quando a obesidade era vista como expressão de felicidade, beleza, saúde e prosperidade. E isto se deu quando as crianças pobres engordaram, devido aos múltiplos programas de Estado destinados à alimentação escolar, vacinações e complementações nutritivas; o que antes era a visível ascensão ao sucesso, agora expressa o fracasso, a feiúra, a infelicidade, a tristeza e a miséria.

Em nome da educação universal que passa a receber ao entrar numa escola, seja ela do Estado ou particular, a criança deve aprender com os professores, sob o regime das vigilâncias, recompensas e punições, as novidades de conhecimento, posturas e corrigir as condutas trazidas de fora da escola. Dos professores e demais autoridades escolares, espera-se que eles tirem a criança da ignorância e a prepare para a vida útil e produtiva, dando-lhe conhecimento e clareza nas condutas para uma vida normal, ou recomendando dispositivos normalizadores suplementares. É neste ponto – o da dupla função do professor que atualizou o preceptor – que aparece a diferença intransponível da educação escolarizada universal: uma parte dos pequenos escolares aprenderá a obedecer ao superior para mandar na vida adulta; outros apenas deverão apreciar a obediência.

Em ambos os casos, a escola é o espaço que ensina a obedecer. Ela não suporta os indisciplinados, os contestadores, os simplesmente insatisfeitos com o fato de serem obrigados a ficarem imóveis diante da palavra, da autoridade e do poder do professor. Contudo, não sendo a escola apenas um exercício impessoal de procedimentos, ela não se restringe à relação hierárquica de autoridade do mestre com a criança, ou mesmo desta com os demais funcionários que vigiam, intimidam, zelam pelo espaço e normas. Neste caso, a criança rapidamente nota e é ensinada a constatar que se encontra sob relações de poder intermináveis e que seu lugar, quase invariavelmente, é o de obediente e devoto. A escola é, com a família e a religião, o primeiro lugar onde uma criança deve amar o superior que dela cuida, educa, prepara para a vida. Quando adulta, amará as demais instituições como a justiça e seu tribunal, a polícia e suas medidas de contenção, a política e suas disciplinadas formas de influir e governar por meio de partidos e grupos de pressão; ela, adulta, amará o Estado como centro e proteção da liberdade pelas proibições sacramentadas na lei universal. Estará definitivamente preparada para ter seus filhos e reiniciar o eterno retorno da mesmice ao amor sobre todas as coisas.

O cidadão na vida adulta ocupa o genérico lugar anterior destinado à criança ou jovem como indivíduo incluído na infância e na adolescência. Passando por fases autoritárias ou democráticas da escola, do exercício monárquico do sacerdote ao despótico, fascista ou democrático do professor, a criança e o jovem aprendem a conviver com as relações de poder de sua época e com as eventuais maneiras de resistências toleradas.

Foi assim que muitas atividades didáticas contemporâneas propiciaram pequenos desvios na rotina da autoridade centralizada, atraindo a criança para maneiras mais ardilosas de obediência ao propiciar-lhe pequenas decisões no interior da sala de aula, ou mesmo no conjunto das regras da instituição, desde que isso não transgredisse a continuidade das normas e as decisões de maioria. A descentralização das medidas de funcionamento da escola, em que os alunos participam da elaboração de regras de condutas, não acabam com a autoridade centralizada, antes lhe dá mais força. A criança é educada para a cidadania, participando do aperfeiçoamento das relações de poder, cumprindo obrigações delas esperadas, desde aquelas destinadas pelo(a) professor(a) como deveres de casa até o cumprimento de regras fixas e móveis de convivência na sala de aula ou nas dependências da escola.

Na criança sedimentam-se rotinas escolares que se desdobram, resumem, permanecem e recriam na adolescência e vida adulta pelos colégios e universidades. O investimento em educação escolar iniciado com a criança requer continuidade, reformas, eficiências. É nesta pequena pessoa que se constata a eficácia e o sucesso da instituição em função da continuidade da sociedade e suas reformas morais. A escola não é mais nem menos que a família na formação do cidadão normalizado. Ela é simplesmente imprescindível à educação universal monopolizada pelo Estado e aos desdobramentos de práticas em múltiplas escolaridades. A criança é tida, por isso mesmo, como propriedade dos seus pais e do Estado.

CAPÍTULO II

ATRAVESSANDO OS ANARQUISMOS

Willian Godwin e a educação livre

Antes de Proudhon tomar para si a designação de anarquista e inventar a palavra que se atribui a um movimento que recusa o governo, o Estado e a autoridade centralizada em favor da liberdade, um inglês de nome Willian Godwin (1756-1836) escreveu um longo estudo que teve como alvo a implosão do governo em favor do pensamento livre e apontou para uma sociabilidade apartada do castigo como realizadora da justiça política.

Em Godwin encontra-se a procedência moderna dos anarquismos fundados numa detalhada reflexão crítica acerca da educação de crianças e jovens procedente da adesão ao princípio da razão iluminista e de crítica ao utilitarismo. Com ele, inauguram-se as diversas modalidades de *educação anarquista* que conviverão no interior dos anarquismos, construindo uma vida intensa em que está em questão dar formas à liberdade.

Em *Investigação acerca da justiça política*,[1] de 1793, seu principal escrito, Godwin ataca de maneira contumaz o princípio da punição em que se baseia a sociedade ocidental. Ao abandonar a carreira de pastor calvinista, sua primeira atitude foi fundar uma escola, empreitada que fracassa e o

---

[1] Ver também "Crime e punição" (2004).

desloca quase que exclusivamente aos trabalhos literários, nos quais não deixa de enfrentar o tema da educação. De maneira mais detalhada, lida com ele no ensaio *The Enquirer* e no romance *Caleb Willians*. No entanto, é no primeiro que Godwin desmonta o conjunto de valores e princípios norteadores da nascente sociedade burguesa composto pela articulação precisa entre punição, direitos, governo, instituições políticas, o fictício contrato social e a propriedade privada.

Godwin inverte a razão moderna opondo o entendimento à prática do castigo. Para ele, a punição contempla os valores morais externos ao indivíduo livre em direção à produção de obediência; o entendimento, por sua vez, supõe exercícios individuais da razão livre, envolvendo conversações. A educação pela punição privilegia a coerção por meio do castigo físico ou da suspensão de direitos em função da proteção da sociedade; opera pelo medo e produz indivíduos governados, imobilizados e covardes, incapazes de ação individual de mudança ou mesmo de contestação. Segundo Godwin, a prática da punição, para fins de educação ou controle dos distúrbios sociais, além de indesejável é irracional. Ela se sustenta em uma argumentação favorável aos castigos como correção necessária e garantia para a vida livre e autônoma do indivíduo, inibidora, e por vezes de maneira irreversível, do que há de mais extraordinário em uma pessoa.

A punição não se restringe ao castigo físico, à ameaça ao corpo ou ao espírito pela imposição legítima ou não da força. Ela não se define pelo seu meio, mas por sua finalidade: conservar os governos na casa, na sociedade e no Estado. Há punição quando se lança mão de algum tipo de repressão, proibição ou intervenção contra uma ação considerada maléfica ou prejudicial à sociedade (ou ao próprio indivíduo), e funciona pretendendo prevenir males futuros. Assim, antes de ocupar-se do ato em si, a punição se volta para a virtualidade da infração vista como um mal que habita o sujeito livre e autônomo; ela é, também, uma ameaça sob a forma de regra ou lei, aplicada como castigo físico, multa ou privação de liberdade, pretendendo educar para prevenir um determinado ato ou sua repetição anti-social ou indesejável. A punição supõe o exercício de poder de uma autoridade central e soberana que, no limite, exige, simplesmente, a obediência. Por isso mesmo, para Godwin, o Estado não se define por maior ou menor intervenção na vida social, mas pelo uso de sua capacidade de punir, de exercitar uma justiça política segundo a vontade do rei, do povo ou do ditador.

O objetivo da punição não é reparar a ação praticada, nem mesmo restituir quem tenha sido prejudicado com determinada ação, mas evitar que ela ocorra novamente. A punição de um indivíduo que dispara um conflito gerado por determinado ato entendido como anti-social, objetiva corrigir ou modificar o sujeito a quem é atribuída a ação. Em outras palavras, a punição opera por um princípio preventivo que é, ao mesmo tempo, educativo. Ao prestar atenção no tipo de relação social que a punição engendra, é possível notar sua presença difusa nas práticas pedagógicas; mais do que isso, sob certas circunstâncias de governo, até as contestações, desde que não coloquem em risco o próprio Estado, são vistas com bons olhos. A punição traz consigo um novo componente: a ameaça a quem ultrapassar a região da tolerância – sem esquecer que por tolerância designa-se a disposição do superior em admitir e absorver certos desvios, como pertinentes e salutares à conservação da ordem.

Não é obrigatório seguir, detalhadamente, as principais reflexões de Willian Godwin para compreender o que é educação. Apanhe um dicionário. Segundo o *Aurélio de Língua Portuguesa*, educar pode ser transmitir conhecimentos e promover a educação, mas também domesticar e domar; o mesmo que aclimar, ato de habituar, acostumar, adaptar. A educação não se encerra nestas palavras; outras repetem as mesmas indicações: instruir, por exemplo, além de ser transmissão de conhecimentos, indica adestramento, habilitação, domesticação. O professor, de acordo com o mesmo dicionário, é um homem perito ou adestrado. Ensinar, então, é transmissão do conhecimento, instrução, adestramento, treinamento, exercitados por meio de punições e recompensas.

O breve estancar na palavra *educar* anuncia os sentidos da domesticação, por meio da prática de punições diversas, para fins de transmissão de informação ou conhecimento. Expõe uma relação de assimetria entre o professor – detentor do conhecimento, mestre, incluindo os valores e regras socialmente aceitas –, e o aluno – o sem luz, o discípulo, que nada possui, nada sabe e que deve ser iluminado por um superior para almejar tornar-se um sujeito útil à sociedade. Este deve reconhecer, desde pequenino, que a punição nas mãos dos superiores é necessária para sua formação disciplinar: educa-se para a obediência com reverência, veneração, deferência, submissão, medo e temor à autoridade soberana.

A punição visa produzir uma determinada conduta desejável. Ela é indispensável à educação para a obediência e supõe a negação da obediência a si próprio. Na educação em sentido amplo ou no ensino escolar, a lógica que castiga um denominado desvio de conduta é a mesma que recompensa com a ausência de punição, antes mesmo de premiar a chamada conduta irrepreensível. O adestramento para uma conduta esperada sabe recompensar, inclusive, os que insistiram em sair da linha até serem capturados. É assim que se ampliam regras, táticas e peças num jogo que combina punição e recompensa como maneira, não apenas de produzir indivíduos obedientes, mas de manter os que, eventualmente, desobedecem dentro do raio de ação tolerante da autoridade superior. A recompensa compõe com a punição um par indissociável.

Os utilitaristas consideram o indivíduo livre e autônomo, na medida em que este busca afirmar sua liberdade, que age segundo suas próprias razões e é consciente de suas conseqüências. Ele sabe que suas razões estão conformadas à obediência esperada, e que, no limite, sua ação deve se voltar para a reforma dos comportamentos, das regras, das leis, até mesmo dos procedimentos. O pensamento livre, para Godwin, ao contrário, não espera recompensas e pondera que só as razões pessoais guiam as atitudes do indivíduo livre e autônomo. Conclui que a punição gera medo e covardia; a recompensa, servilismo e imobilidade.

O sujeito livre e autônomo, por sua vez, tem entendimento sobre as condutas e coragem para transformar os costumes, dissolvendo o sistema de premiações.

Os utilitaristas imaginavam que a educação nacional seria o meio para todos atingirem a condição de indivíduo livre e autônomo. Godwin contestava o nascente projeto de educação nacional como ensino formal e obrigatório administrado e regulado pelo Estado. Argumentava que a instituição de ensino, ao pretender a permanência e a conservação, constitui a educação com base em dogmas estabelecidos e obstaculiza a contestação. Enfim, o ensino nacional não estimula o desenvolvimento pessoal, somente a glória do Estado-Nação, que faz da educação seu monopólio e que exige a obrigatoriedade da criança na escola.

O imperativo ensino dirigido e centralizado no Estado seqüestra a possibilidade de experimentação e a espontaneidade do ato de aprender, excluindo o autodidatismo, a liberdade de ensinar e estudar, as práticas não-oficiais de socialização do conhecimento e a possibilidade de dissolver a relação professor-aluno. Quando se aprende por querer, o aluno se torna estudante e busca orientações e informações suplementares à aula, por conta própria e com parceiros irrequietos, transformando seus estudos em algo inventivo e livre. Os estudantes libertam-se dos prolegômenos iluministas sobre a vontade de saber – na qual o querer está subordinado à vontade de quem ensina –, para instaurarem transtornos às autoridades e conhecimentos constituídos.

É no campo da luta que Godwin foi um inovador e inventivo pensador, ao sinalizar para a diversidade de experimentações educacionais libertárias como salutares desvios à uniformidade. Suas reflexões permanecem atuais a quem leva a educação para fora do campo interativo entre professor-aluno, pois uma rápida olhada para qualquer escola, ontem e hoje, da mais conservadora à mais democrática, capta a continuidade dos dispositivos de punição e recompensa. E, nelas, as crianças correm o risco de serem tragadas pelos sistemas de avaliação, imobilizadas por regras de disciplina e sufocadas nos afagos pegajosos da professorinha.

Oscar Wilde – o artista que possibilitou, junto com o poeta Shelley, a recuperação dos escritos de Godwin na Inglaterra do final do século 19 –, ao escrever sobre o papel da autoridade, mostra a continuidade da educação capaz de ultrapassar inúmeras crises anunciadas e evitar sua abolição. Wilde escreve que a autoridade, exercida de forma violenta, brutal e cruel, dá até bons resultados, quando gera ou aflora, de alguma maneira, o espírito de revolta. Porém, exercida com doses de amabilidade e premiações, desmoraliza o indivíduo que se recusa a reconhecer a horrível pressão que o assujeita.

A atualidade das análises de Godwin está em questionar a continuidade da punição como princípio de sociabilidade, em uma sociedade que se pronuncia democrática ou que até mesmo já se proclamou socialista, durante parte do século 20. O prosseguimento dos castigos e recompensas sustenta e perpetua a autoridade, não apenas do professor, mas da escola como local exclusivo da transmissão de saber. Faz da instituição de ensino um lugar de produção de cidadãos dóceis, um eficiente investimento em contenção de experimentações de liberdade.

Entretanto, está em jogo problematizar o amor à escola como local de redenção e formação do indivíduo livre e autônomo, amável, imóvel e obediente. Diante dos ideais iluministas que viram na escola o espaço de formação humanista e técnica, os anarquistas procuraram a formação do indivíduo livre e autônomo vinculada a uma educação revolucionária voltada para a emancipação humana, invertendo a moral da escola e redesenhando o amor à escola. Nos termos de Godwin, pergunta-se: é possível, por meio dessa inversão moral, propiciar a aparição e a realização do extraordinário de uma pessoa?

Educação e o amor à escola

Os anarquistas propunham, inicialmente, a educação distanciada da escola, voltada para a revolução, a libertação, a luta pela criação de uma sociedade libertária e igualitária, favorecedora ao indivíduo livre e autônomo.

Não desconheciam a importância da escola para a obtenção do acesso à leitura e à escrita, aos conhecimentos das ciências, ao funcionamento da lei e das instituições. Mas, reconheciam que toda a conquista iluminista ao mesmo tempo em que libertava as pessoas das amarras da teologia as aprisionava na razão moderna, impessoal e universal. Pretendiam ir além dos propósitos iluministas de adaptação aos novos tempos na qual a escola e a educação estatal desempenhavam funções imprescindíveis à consolidação dos interesses específicos burgueses, e se voltavam para a luta pelo verdadeiro universalismo com direito ao acesso de todos aos meios de gestão e produção.

Para os anarquistas, a alfabetização, o conhecimento dos direitos, das ciências, da produção de riquezas, as maneiras igualitárias de viver e suas lutas dependiam da formação da liberdade a cada instante. Isso supunha libertar-se da disciplina escolar, produtiva, militar, domesticadora e cruel. Para eles, a educação ia além dos conhecimentos monopolizados pelo governo ou mesmo pela escola, normalizadora das atividades diárias. Educar era inovar, potencializar a liberdade de cada um nas suas associações igualitárias e federalistas, sem separar trabalho intelectual de trabalho manual, lazer de atividades de trabalho, hábitos de inovações. Educar para a vida livre de cada um era educar para a vida livre de todos, para a possibilidade de cada um realizar seus talentos, quereres, igualdades.

Todavia, a pressão nos espaços urbanos e rurais invadiu os objetivos das lutas sociais e levaram, gradativamente, os anarquistas a lidar com a escola de diversas maneiras. Se os primeiros acontecimentos libertários sinalizavam para a desescolarização, como sustentaram William Godwin, Pierre-Joseph Proudhon e Max Stirner (1806-1856), os efeitos decorrentes dos encontros na Internacional de Trabalhadores, na década de 1860, deslocaram a desescolarização para uma nova maneira de lidar com a educação, fundando escolas como espaços de formação de crianças e trabalhadores em práticas libertárias. Contribuíram para isso as reflexões de Mikhail Bakunin e a influência do educador Paul Robin (1837-1912), que levou a duas das mais expressivas experimentações de escolas anarquistas no início do século 20: a *Escuela Moderna*, em Barcelona, e a *La Ruche* (*A Colméia*), nas proximidades de Paris.

Em educação, os anarquistas pretendiam liquidar com a autoridade superior, seus desígnios intelectuais e de dominação, para realizar com crianças, jovens e adultos experimentações em que eles reconhecessem a potência de liberdade na autoridade do mestre. Segundo Bakunin (2003), essa relação inicial e primordial, dava os contornos de uma nova consciência capaz de formar futuros revolucionários.[2]

Desde a I Internacional de Trabalhadores (1864), os anarquistas se apartavam dos efeitos similares decorrentes da passagem do ensino religioso para o laico, universal e estatal. Sabiam que a religião e a razão moderna se alinhavam na continuidade das relações de dominação, exploração e no encanto transcendental em nome de Deus ou da Razão. Para eles, a razão não era apenas o reverso da religião; era também o seu complemento consagrado na Declaração Universal dos Direitos do Homem e do Cidadão (1793). Mais do que isso, a universal razão moderna deveria ser o meio para a destruição do sagrado, fosse ele divino ou terreno. A escola não podia ser somente a morada da razão iluminista e burguesa, como defendiam os positivistas e os utilitaristas. Para os anarquistas, as práticas libertárias da razão também podiam acontecer numa escola livre, em função da luta pelo fim das desigualdades e praticando liberdades; assim, abriu-se o espaço para a inversão moral da escola.

---

[2] Os escritos de Bakunin sobre a instrução integral relacionam-se às reflexões anteriores de Proudhon e Stirner, que não separavam trabalho manual de trabalho intelectual. Pretendia-se uma instrução a todos, fora dos moldes da educação burguesa e também do regime totalitário marxista. Desse ponto de vista, ele via a educação integral como agente revolucionário vinculado à emancipação econômica e contra a alienação. Descria da escola libertária, pois ela seria incapaz de obstruir o conjunto institucional (família monogâmica, fábrica, polícia, exercito, partidos, etc.) exterior.

Dentre os principais pensadores anarquistas europeus sobre educação e escola estão Paul Robin, Francesc Ferrer i Guàrdia (1849-1909) e Sebastién Faure (1858-1942), todos descendentes de famílias católicas, que romperam com a religião ao mesmo tempo em que se voltavam para a educação experimental libertária como maneira de ultrapassar a família monogâmica, o sagrado, a obediência aos superiores, o sistema de castigos e recompensas. A escola integrada à educação anarquista passou, então, a ser compreendida no interior do exercício da vida associativa livre, em preparação para a revolução.

Paul Robin foi o primeiro a levar adiante a escola anarquista desde o momento em que passou a coordenar o *Orfanato de Cempuis*, no norte da França, e a preparar um método de convivência com saberes que contemplava, simultaneamente, os aspectos intelectuais, físicos e morais na formação de crianças e jovens, de ambos os sexos, por professores homens e mulheres. A proposta inicial de Robin encontrou ressonâncias tanto na escola racionalista de Ferrer i Guàrdia, como na de escola anarquista propriamente dita de Faure. Neste caso, não se tratava de uma educação alternativa à ordem, mas de rompimento com a ordem. A escola anarquista chegava para apartar-se do amor à escola como lugar de acesso à ascensão social, adaptação, acomodação, docilização e utilidade à vida capitalista. A vida breve das primeiras escolas anarquistas, com experimentações intensas, em poucos anos, no final do século 19 e início do 20, explicitou os limites do ensino estatal, tido como público e gratuito, além de laico e universal. Repercutiram nas associações anarquistas, fermentando o autodidatismo e o ensino entre iguais.

A ousada desescolarização

Estava em questão desde Proudhon formar um guerreiro para a vida, erguido no interior dos embates das forças sociais e não mais o submisso cidadão guiado pelo amor às Idéias e devoto de transcendentalidades.[3] Não se buscava

---

[3] *Idèe génèral de la révolution au 19e siécle* (PROUDHON, 1979) e demais escritos a partir de 1851. Proudhon nunca se deteve,

uma situação social melhor por meio de direitos e leis, pois estes permaneciam relacionados ao exercício do governo do soberano – chame-se ele rei ou representante do povo –, e aos de seus aliados, envoltos numa legitimidade que recobria as ilegalidades e redimensionava o sistema de castigos e recompensas.

Com Proudhon, os anarquistas constatavam que a passagem do direito de sangue para o direito universal levou à dominação burguesa erguida sobre a soberania popular e fundada na emancipação política dos homens livres e alfabetizados. Com isso, ela igualava os trabalhadores aos proprietários no âmbito da lei e da política, ao mesmo tempo em que eles permaneciam distintos no âmbito da economia como patrão e empregado, no social e cultural como superiores e inferiores, na escola como mestres e alunos, e entre as escolas, segundo o objetivo de sua formação, em escolas para formar governantes e para moldar governados.

Foi com Proudhon que apareceu pela primeira vez, entre os anarquistas, a proposta de uma desescolarização da educação. A força crítica da sua reflexão manteve-se presente dois anos depois de sua morte, no Congresso de Lausanne, em 1867, quando em resposta à adesão de muitos socialistas ao ensino estatal gratuito, reafirmava-se a educação livre de crianças pelos pais e suas associações libertárias. A educação para a vida em Proudhon avançava sobre a crença no Iluminismo e sublinhava que a escola devia ser vista mais com reservas do que com esperanças. Ela é um espaço que forma para a vida burguesa; é talvez sua instituição mais eficiente, porque em seu interior uniformiza, com sucesso, arbitrariamente, mesmo as crianças mais singulares.

---

especialmente sobre o tema da educação. Para ele, a vida se faz, é inacabada, é combate e é dentro dela que cada um se educa e aos demais. Proudhon não admite o ensino laico, universal, público e gratuito visto por ele como estatal, centralizador e sempre pago por cada trabalhador sob a forma compulsória de impostos; uma maneira de iludir, democraticamente, as *massas*. E, para um anarquista, nenhuma educação livre se dedica a formar as massas. Ver também, Pierre-Joseph Proudhon, 1986.

Proudhon deixava uma questão de alerta aos anarquistas do século 20: como fazer uma escola anarquista quando o ensino é monopólio do Estado?

A escola anarquista

A formação da criança autônoma, livre para agir e liberta das amarras da moral por meio da educação integral, exercitada no interior de uma associação em território amplo, como sugeria Proudhon, propiciou uma outra maneira de se experimentar a escola, levando ao limite as relações de poder disciplinar, e criando as condições para o aparecimento da escola anarquista vinculada às sugestões de Mikhail Bakunin, relacionando educação solidária e emancipação econômica.

A educação anarquista contempla a instrução integral e o exercício emancipador. Vai à fronteira do Iluminismo para dele extrair o melhor aos trabalhadores. A instrução integral, portanto, confrontava a maneira uniforme de educar da escola estatal, clerical e privada, ao mesmo tempo em que escrevia no papel em branco maneiras inéditas e livres de lidar com crianças, jovens e adultos na vida autogestionária.

A educação integral consistia no delicado ato da tutela professoral por meio da sua autoridade de saber e compromisso libertário, ciente da sua responsabilidade em recuar até desaparecer diante da potência de liberdade da criança. Isto compunha os dois momentos da educação integral: o geral e o específico, segundo aptidões, vontades e disposição de cada um. A escola anarquista, dessa maneira, é educação integral e opõe-se ao modelo disciplinar hierarquizado da escola burguesa inspirada na escola clerical, e nas suas reformas constantes até atingir o atual modelo democrático.

A instrução integral prepara para a vida imediata com rebeldia, contestação e experimentação de liberdades e igualdades. A escola é uma associação autogestionária, administrada por todos, sem a interferência do poder técnico dos especialistas, da autoridade dos adultos, do domínio dos sábios ou do monopólio do Estado. Ela leva adiante a formação intelectual, física e moral dos seus associados em função de uma revolução social possível, capaz de instaurar a sociedade libertária. A escola ocupa um espaço próprio, mas também pode estar no interior de qualquer outra associação libertária ou mesmo habitá-la; o espaço da escola anarquista não é disciplinar; ele transpõe fronteiras para depois desconhecê-las.

Educação integral

O termo educação integral vinculado à pedagogia libertária[4] deve-se à gestão de Paul Robin, no *Orfanato Prévost*, de *Cempuis*, na região de Seine, entre 1880 e 1894.[5] Compreende a formação intelectual (exercida, livremente, em várias oficinas, em contato direto com a natureza, a língua francesa e as estrangeiras, as ciências naturais e a história, incluindo a estenografia e a datilografia), física (com natação, equitação, ginástica, boxe, alimentação vegetariana e higiene pessoal) e moral (com base na liberdade, na fraternidade e na pedagogia libertária do mestre ao ensinar para crianças de ambos os sexos, inclusive a educação sexual).[6]

Paul Robin elaborou essa proposta a partir dos seus encontros com Bakunin, Piotr Kropotkin (1842-1921) e Elisée Reclus (1830-1905), durante o tempo em que viveu no exílio, militou na AIT e debateu com demais socialistas. No orfanato erguido com parte da herança de um certo senhor Prévost e administrado pela prefeitura, Paul Robin levou adiante sua maneira de educar libertariamente, recebendo entre 120 e 180 crianças de ambos os sexos, a partir de 6

---

[4] O termo pedagogia libertária está associado às maneiras de ensinar dos anarquistas e referidas às demais pedagogias. Todavia a educação anarquista se diferencia da pedagogia libertária por abarcar maneiras de educar em sentido amplo.

[5] A educação integral alia corpo e mente, teoria e prática e principalmente, trabalho manual e intelectual. Procede da proposta de Charles Fourier, para quem as crianças deveriam ser educadas segundo afinidades ou atividades que contemplassem suas vocações de instintos ou pendores, hoje em dia chamados por interesses e motivações. Consultar Edmond-Marc Lipiansky, 1999.

[6] Jean-Marc Raynaud (s.d.). Ver também, sobre Paul Robin, Nicolas Bourguimat (s.d.), incluindo o especial capítulo 5, sobre educação sexual.

anos de idade na formação geral e que, entre os 12 e 16 anos, se iniciavam na formação específica.

Sebastién Faure continuou a obra de Robin, quando anos mais tarde criou a escola *La Ruche*, próxima a Paris, numa área de florestas, no campo, em 1904, e abruptamente encerrada, em 1917, durante a 1ª Guerra Mundial. Nessa escola ele realizava os ensinamentos avessos tanto ao humanitarismo aristocrático, quanto à formação especialista para o trabalho e a obediência aos superiores institucionalizados na escola burguesa. Em lugar do amor à escola, Faure consolidou a realização do desejo da vida livre e experimentada de maneira autogestionária. *La Ruche* era livre do controle governamental. Era uma associação de interessados em educação anarquista e formação integral, voltada para um número pequeno de crianças, cerca de 30, a partir dos 6 anos de idade, como na escola de Robin.

Pouco tempo antes de aparecer *La Ruche*, em 1901, em Barcelona, foi criada a *Escuela Moderna* pelo pedagogo Francesc Ferrer i Guàrdia, após receber de uma ex-aluna uma surpreendente herança. Influenciado pelas propostas de ensino integral de Paul Robin, de quem havia se aproximado durante o exílio em Paris, Ferrer i Guàrdia montou a *Escuela Moderna* voltada para o ensino racional e laico de crianças de ambos os sexos e de todas as classes sociais. Atento à formação da criança livre, aproximou-se da Geografia proposta por Piotr Kropotkin e por Elisée Reclus, de quem chegou a solicitar orientação libertária para o ensino dessa matéria.[7]

A eficiência da educação integral, associada ao grau de contestação, mostrou-se ágil, rápida e mobilizadora, espalhando-se pela Espanha e provocando a ira dos governantes.

---

[7] A resposta à solicitação de Ferrer i Guàrdia por Reclus, encontra-se no "Boletín de la Escuela Moderna", de março de 1902. Para o geógrafo anarquista, o ensino da geografia deveria estar vinculado às demais matérias, exercitar-se no meio ambiente com excursões, contatos diretos e atividades criativas pelos alunos. Cf. Maria Teresa Vicente Mosquete, 1995, e José Maria Carvalho Ferreira, 2006.

Inicialmente, em 1906, estes fracassaram ao tentar vincular o educador a uma tentativa de ato terrorista contra a vida do rei, mas, anos mais tarde, saíram vitoriosos ao incriminar e condenar Ferrer i Guàrdia, em 13 de outubro de 1909, associando-o à chamada Semana Trágica, ocorrida em julho do mesmo ano, em que já se anunciava o fim da insuportável monarquia.

Ferrer i Guàrdia foi um renovador da escola, depois de constatar, como no passado Godwin e Proudhon, que ela se transformava em agente modelador de crianças e jovens por meio do ensino nacional. Notou que o Estado livrava a maioria do povo da condição de ignorância, ao mesmo tempo em que o integrava na vida burguesa. A *Escuela Moderna* (1960) era parte do que chamava de plano conjunto de uma educação racional (disseminação dessas escolas novas), capaz de formar uma criança livre e feliz, renovando-se constantemente e temida por uma sociedade centralizadora e autoritária.

Anos antes da experimentação de Paul Robin, o russo Liev Tolstói realizava a educação livre em sua terra natal, na sua propriedade Yasnaya Polyanna com os camponeses, em Tula, na Rússia, entre os anos de 1858 e 1862. Dedicava-se a levar adiante um certo anarquismo inspirado no cristianismo primitivo e propondo uma educação anti-dogmática, experimental e libertária, avessa ao sistema oficial fundado na relação punição-recompensa e dedicado a lidar com as próprias necessidades da criança, convivência e sugestões.[8] Realizava, no século 19, uma escola autogestionária, libertária e livre de Estado, sob o aconchego de quem a fazia funcionar. Em março de 1861, em Paris, durante o seu encontro com Proudhon, concluía que, sem instrução para o povo, nenhum Estado consegue organizar-se em bases sólidas e que,

---

[8] Ver em especial, Liev Tolstói, 2005. Neste primeiro livro, Tolstói registra as versões preferidas de seus alunos para fábulas e contos que, segundo estes, eram narrados com mais interesse pelos próprios camponeses.

portanto, a educação nacional é uma das mais eficientes maneiras de controlar o povo (VOYENNE, 1987).

Entretanto, foi com Sebastién Faure (1992) que a escola anarquista se firmou, definitivamente, como espaço livre para a liberdade. Como vimos, seguindo as sugestões da educação integral, ele criava a escola *La Ruche* numa área de 25 hectares, não muito longe de Paris, próxima à floresta de Rambouillet, sustentada por pessoas interessadas em educar seus filhos de maneira autogestionária. *La Ruche* possuía um programa de formação para crianças e jovens de ambos os sexos; interessava-se por suas afinidades e afeições; procurava viver de maneira libertária, acontecendo no instante de cada atividade e sempre alerta às pressões externas. Era mais do que uma escola de educação integral. Segundo Jean-Marc Raynaud nela se estabeleceu uma cooperação integral.[9]

Sebastién Faure era um grande orador e de eloqüência similar a de Louise Michel.[10] Apareceu no anarquismo francês num momento crítico, durante os efeitos da *propaganda pela ação* que se deslocava para a ênfase no terrorismo. Em oposição a esta, Faure propunha a propaganda pela palavra e pela escrita; um retorno às explicações, aos argumentos, e ao *Journal du People*, arriscando-se a desacatar autoridades e evitando qualquer proximidade ou proteção da polícia. Para

---

[9] Salientamos ainda que Raynaud, juntamente com Thyde Rossel, criou a *École Bonaventure*, inspirada em Faure, na Isle d'Oléron, na França, em 1993, e que funcionou até 2004, atendendo entre 6 e 12 crianças. A escola foi fechada e seus fundadores presos, depois do Estado acusá-los de vínculos terroristas com o ETA, lançando mão da velha e conhecida estratégia de associar escola libertária com terrorismo. Ver "Bonaventure, école" (LE MONDE LIBERTAIRE, 1998-1999), "¡URGENTE! Escuela Bonaventure" (RAYNAUD, 2004), Bonaventure: mode d'emploi (BONAVENTURE..., 1993) e, em especial, o próprio site http://pagesperso-orange.fr/bonaventure%20.

[10] Importante ressaltar o papel de Louise Michel na *Comuna de Paris*, em 1871, assim como o do *communard* Vaillant, na formulação de uma educação que rompesse com a herança religiosa, propondo a educação nacional e laica para todas as pessoas de ambos os sexos. Ela elaborou um esboço da educação integral vinculada ao trabalho. Ver, em especial, incluindo seu vínculo com Sebastién Faure, Claire Auzias, 2006, p. 101-108.

Faure, um anarquista jamais se submete à proteção policial, ao contrário, ele sabe que a coragem está em afrontar o perigo. Como um renovado leitor de Lamarck, Faure considerava que o ambiente faz o indivíduo; entendia que modificando o meio, pela ajuda mútua, criam-se novos indivíduos livres. Era aí que ele situava *La Ruche*, neste ponto de interseção, como um lugar para se viver a anarquia.

La Ruche arruinava o modelo do amor à escola introduzido pelo ensino religioso e continuado no ensino laico, sedimentado na moral hierárquica de culpas, punições e retribuições às docilidades e às imobilidades. Trazia a prática de uma educação em que a escola passava a ser parte constitutiva da vida, não só de crianças e jovens por um período determinado, mas de todas as pessoas com ela envolvidas.

A escola anarquista chegava para ampliar o acesso à informação aos trabalhadores e lhes ensinar quais eram as restrições impostas pela autoridade disciplinar, inicialmente na educação burguesa e laica, e depois pela socialista autoritária, sob direção bolchevista. A escola anarquista trazia surpreendentes inovações, mais tarde absorvidas por uma sociedade menos autoritária e conservadora, e que hoje em dia são consensuais e até corriqueiras como o ensino misto ou a orientação sexual.

Para além da escola e de seu funcionamento burocrático, a educação anarquista inova costumes liberadores decorrentes da educação como experimentação de liberdade. Educar para a vida livre era educar para o trabalho livre, sindicatos livres,[11] lazer intimamente relacionado com o trabalho incluindo teatro, danças e festas, aproximando pessoas e festejando alegrias momentâneas expandidas para o futuro.

---

[11] O vínculo entre educação e sindicato livre foi estabelecido por Edmond Pelloutier (1867-1901) como maneira de emancipação, em oposição à educação estatal e clerical, e como superação da benevolência dos cuidados dos outros sobre si, para os cuidados do indivíduo livre e autônomo para si mesmo.

A escola anarquista ganhou mais projeção desde a execução de Ferrer i Guàrdia, com a reprodução da *Escuela Moderna* em Madri, Sevilha, Granada, Cádis, na Espanha, mas também em Portugal, Suíça, Holanda, Argentina e Brasil. Pode-se dizer que a *Escuela Moderna* foi a mais influente maneira anarquista de ensinar, tendo em vista, inclusive, as atuações destas unidades na Revolução Espanhola, mesmo diante dos confusos debates entre socialistas de vários matizes na condução da *Escuela Nuova Unificada*, sob a organização da CNT (Confederação Nacional do Trabalho), proposta no Congresso de Saragoza, de 1936 (Ferreira, 1996).

Os anarquistas trouxeram, com a educação libertária, maneiras de lidar com crianças e jovens em escolas, e atraíram adultos trabalhadores para ateneus e centros culturais, na Revolução Espanhola, nos anos 1930, no Brasil, na mesma década, e pelos vários continentes depois da 2ª Guerra Mundial. Eles deram uma nova interpretação ao Iluminismo, ao alfabetizar, informar, problematizar e inventar maneiras de viver em uma sociedade livre do mercado, da representação democrática e do socialismo autoritário. Recusaram a devoção a uma utopia. Ao contrário, procuraram realizar no instante de suas existências a vida livre que desejaram em direção à emancipação humana. Foi por isso que, vindos do limite da ação terrorista no final do século 19, organizaram-se nos sindicatos, associações culturais e diversos periódicos em busca da realização de suas transbordantes expectativas de educação, incluindo a escola anarquista.

Repercussões

A educação anarquista compreende a formação para o trabalho intelectual e manual. Nela, cada um participa na organização e produção de seus saberes, constituindo-se em indivíduo livre e autônomo; sua forma mais difundida foi a elaborada por Ferrer i Guàrdia: racionalista e científica, pragmática e não-dogmática.

O seu reverso acontece a partir da *Plataforma Organizacional dos Comunistas Libertários*, elaborada no exílio, em

1926, por Nestor Mahkno (1888-1934) e Piotr Archinov (1887-1937), entre outros. Eles consideravam a educação como organização anarquista das massas e enfatizavam primeiro a revolução e depois uma nova educação que superasse a cultura burguesa. Sua mais efetiva influência foi de Bakunin, em "A sociedade ou fraternidade internacional revolucionária", de 1865, escrito compilado por Max Nettlau (1865-1944), que abria e encerrava a discussão ao afirmar que a escola devia substituir a Igreja. Nesse ponto, precipitadamente, ele operava a inversão do mesmo combatido amor à escola burguesa, substituindo o conteúdo da forma-escola para concretizar outra inversão moral e facilitava reflexões intelectuais e próximas aos marxistas como as de Mahkno e Archinov.[12]

As repercussões da educação integral chegavam à América Latina, em especial no Brasil, em diversos estados, entre o final da década de 1910 e a seguinte; suas escolas modernas funcionavam e educavam uma nascente classe de trabalhadores, até seus fechamentos pelo Estado, acusadas, também, de subversão e terrorismo.

Mais recentemente, a educação integral por meio da escola anarquista reapareceu com a *Paidéia*, em Mérida, na Espanha, depois do fim da ditadura franquista, assim como com a *École Bonaventure*, na França, nos anos 1990. Foram duas experiências que viveram o embate com o exterior. De um lado, a *Paidéia*, sob o efeito do monopólio do Estado, levando as suas fundadoras a retomarem a crítica original de Bakunin sobre a impossibilidade da escola anarquista sem emancipação econômica; e, de outro

---

[12] "A escola deve substituir a Igreja, com a imensa diferença de que esta, ministrando sua educação religiosa, não tem outra finalidade senão a de eternizar o regime da ingenuidade humana e da assim chamada autoridade divina, enquanto a educação e a instrução da escola, não possuindo, ao contrário, outra finalidade se não a emancipação real das crianças quando chegarem à maioridade, não será nada mais do que sua iniciação gradual e progressiva na liberdade, pelo triplo desenvolvimento das suas forças físicas, de seu espírito, de sua vontade". Mikhail Bakunin, "A sociedade ou fraternidade internacional revolucionária (1865)", coletado por Max Nettlau.

lado, a *Bonaventure* interrompida pela velhaca acusação de vínculo com o terrorismo.

A educação integral ainda influenciou as escolas democráticas, como as comunidades escolares de Hamburgo, durante a República de Weimar, entre 1919 e 1930; *Summerhill*, fundada, em 1927, por Alexander Sutherland Neill; a *Waldorf*, criada, em Stuttgart, por Rudolph Steiner, em 1919; a pedagogia da libertação de Paulo Freire, desde os anos 1960; e, hoje em dia, com a reunião de escolas democráticas e independentes do sistema escolar dos Estados, na *Internacional Democratic Education Conference* (IDEC), que pretende encontrar soluções pluralistas e a democratização para a chamada escola pública.

Max Stirner e a invenção da existência

Max Stirner (979; 2004), filósofo alemão, não se identificou como anarquista ou mesmo um humanista liberal ou social. Considerava vida livre aquela apartada das instituições hierarquizadoras e abjurava investir em suas reformas.

Como um apreciador de relações associativas que dissolvia os vínculos universais de direitos, reconhecia, em cada um, o poder para fazer acontecer uma liberdade, muito mais do que desejada, exercitada. Ele via na educação de crianças o momento desencadeador de novas relações, em que se potencializava a liberdade dos pequenos e em que explodiam as práticas morais de autoridade sedimentadas nos adultos.

Tratava-se de uma educação na luta que suprimia a necessidade da escola, de um mestre definidor *a priori* do que é a liberdade. Como um libertário, Stirner por sua aversão à propriedade material e da verdade, permanecia e permanece distante do olhar dos continuadores da obra de Bakunin.

A educação de crianças, para Stirner, é simultânea à educação dos adultos associados e voltados tanto para a dissolução da moral, quanto para a afirmação da liberdade de agir e pensar de adultos, jovens e crianças em função do acesso aos objetos; uma educação apartada da metafísica, das utopias, das emancipações, mas voltada para a existência de pessoas únicas e livres, associadas no momento: uma educação desescolarizada e alheia à educação nacional.

A educação livre da instrução, do ensino, do professor, é também livre de um leque amplo de palavras belas criadas desde o Iluminismo para delimitar a verdadeira consciência, e suas maneiras de compor direções para a vida. Stirner problematizava a linguagem e desafiava os reformistas, os positivistas, os verdadeiros condutores, líderes e profetas, esses habitantes da fronteira invisível da *boa consciência* e da *verdadeira liberdade*.

Para Stirner, a verdade, a linguagem, o indivíduo único são feitos na luta; a criança será sempre perigosa desde o nascimento, e é assim que por ela tanto se interessam as igrejas, os Estados e os condutores de consciência; eles *sabem* como enchê-la de moral, tratando-a com leveza ou brutalidade, refazendo o sistema de recompensa e punição. A educação livre, para Stirner, está na dissolução de uma história de dominações, e no percurso da construção do que há de extraordinário em uma pessoa. Não está em jogo inverter o conteúdo da escola, como em Bakunin, mas dissolvê-la com seu respectivo humanismo e tecnicismo modernos.

Para Max Stirner, a educação para a vida de guerreiros atua no presente e se libera da emancipação humana ou proletária; ela atua para dar forma à liberdade no momento, uma liberdade livre de hierarquias, de superiores, de transcendentalidades.

Memórias

Tanto para Proudhon quanto para Stirner, assim como Godwin, a educação na luta não cessa e é dela que advém a formação do caráter da criança, do jovem e do adulto para enfrentar a vida como batalha pela liberdade e igualdade; e vida com liberdade, para eles, é a vida construída livremente no dia-a-dia da associação. Chamem-se, declaradamente, anarquistas ou anunciados como libertários, eles pensam práticas de liberdade na fronteira do Iluminismo, muitas vezes atravessando-a, destemidamente, como só fazem os guerreiros.

Sem eles, é mais difícil compreender a dimensão inicial da educação integral proposta por Bakunin e seus desdobramentos nas experimentações de *Cempuis*, da *Escuela Moderna*, de *La Ruche*, na *CNT* ou mesmo em experimentações mais recentes, como a *Paidéia* e a *Bonaventure*, sem esquecer as *Escolas Modernas* e as escolas libertárias do início do século 20, aqui no Brasil. Sabemos desde Godwin, Stirner e Proudhon que é um equívoco falar de pedagogia libertária, pois a educação anarquista compreende, para além dela, diversidades que compõem um grande fluxo capaz de estancar a normalização da existência.

Com esses emergenciais pensadores sobre educação vem o desafio para compreender a escola hoje em dia como lugar da ação anarquista. Ainda é possível a escola anarquista? Como anarquizar escolas e universidades na atualidade? Como anarquizar com a educação sem aderir à panacéia democrática? Como desescolarizar?

CAPÍTULO III

PRÁTICAS ANARQUISTAS E EDUCAÇÃO NO BRASIL

O começo do século 20 situava um problema crucial aos capitalistas e socialistas de diversos matizes. O sonho do mercado anárquico e livre se tornava um pesadelo, derivado da monopolização da economia acompanhada de um pauperismo exacerbado. Não havia democracia política capaz de refrear tamanha produção da miséria. A imaginação socialista aos poucos foi habitada pela crença na revolução seguida da tomada do Estado para levar ao planejamento total da economia. Desde o massacre da Comuna de Paris (1871) e o fechamento da AIT (1876), os movimentos de trabalhadores se aproximaram da social-democracia, objetivando ocupar o Estado, de maneira pacífica, como desejavam os reformistas, ou por meio da luta armada, como miravam os revolucionários.

Os anarquistas, no final do século 19, oscilavam entre o terrorismo e a *propaganda pela ação* e redimensionavam suas propostas, afastados tanto da crença no mercado quanto no Estado, por meio da vida livre nos sindicatos. A primeira metade do século 20 acabou marcada pelas resistências anarquistas, transitando do comunismo libertário, propondo a revolução e a abolição do Estado, até o anarco-individualismo, enfatizando a vida livre no presente, a revolta diante de qualquer revolução e o combate à autoridade centralizada, estivesse ela no Estado, no partido, no sindicato ou até mesmo numa *plataforma organizacional*.

O capitalismo, diante desta situação extraordinária, também buscava no Estado uma maneira de continuar vivo diante das ameaças socialistas. Os capitalistas sabiam que se sustentavam tanto com democracia como com ditadura; com a ampliação da internacionalização de capitais e com a nacionalização da economia. Por isso, eles se deram bem com o fascismo, o nazismo, os reformismos em geral, vindos de socialistas ou de liberais, articulados como social-democracia, *new deal*, liberalismo social, enfim, os capitalistas respondiam ao avanço do socialismo estatizante com capitalismo estatista. Apenas os anarquistas se mantinham à parte da disputa pelo Estado. Eles sabiam que nenhum dos dois solucionaria o pauperismo, a *questão social*, e que a economia livre do mercado, ultrapassado ou rejuvenescido, diante do planejamento centralizado, não deixaria de raspar os ossos e o cérebro de cada trabalhador.

No Brasil, governava a oligarquia agrário-exportadora culturalmente afrancesada, disponível a assimilar quem com ela se parecesse – por isso disposta a assimilar estrangeiros comerciantes e proto-industriais. Ela não suportava imigrantes pobres que escapavam das lavouras, vindos para as cidades. Tampouco os artesãos e os trabalhadores que questionavam uma economia não só capitalista, mas também sem direitos trabalhistas mínimos, com exploração de crianças, mulheres e velhos, em jornadas de trabalho intermináveis, extenuantes e insalubres. Essa oligarquia, escorada nas forças armadas, em expansão posava de democrata, usava do *estado de sítio* quando se via ligeiramente ameaçada; governava com uso e abuso das polícias locais e destilava sua hipocrisia com a caridade religiosa, angariando andrajos humanos apaziguados para suas celebrações, opulências e literatices.

Os anarquistas no Brasil contestavam e inventavam maneiras de enfrentar essa situação. Corajosos, eles saíam às ruas com suas famílias, construindo passeatas, greves e sindicatos. Aproximavam-se para festejar suas vitórias, criar associações, solidarizarem-se ombro a ombro em cada acontecimento e com as lutas de trabalhadores em qualquer canto do planeta e criando comitês de ajuda-mútua. Construíam uma cultura libertária voltada para a alimentação sadia do corpo, mesmo diante da escassez de alimentos; para a higiene vinculada ao saneamento básico e contra a habitação deletéria, sem recorrer ao assistencialismo estatal; combatiam o alcoolismo e a prostituição, tidas como astuciosas maneiras de anestesiar a revolta. E com imprensa livre, escola libertária, teatro operário, práticas de amor livre, cuidados com as crianças, resistiam e inventavam maneiras de escapar das capturas oligárquicas, governamentais, religiosas e do sindicalismo amarelo (PASSETTI, 1999).

Inventando escolas

Quando os anarquistas aportaram, em 1888, não havia escolas para gente pobre. Arthur Campagnoli fundou a Colônia Anarquista de Guararema, dividindo terras adquiridas com companheiros provenientes de vários países. Em 1890, chegou Giovanni Rossi e instalou no Paraná a Colônia Cecília, projeto bancado, paradoxalmente, pelo Imperador Pedro II. Ambas compunham maneiras livres de viver e de educar, em que estava em jogo superar as condições monogâmicas do amor e do sexo, a referência à propriedade privada, o deslocamento do poder central para autoridades em assuntos e técnicas de produção, mas não havia preocupação específica com a escola.

Foi com a propagação do ideário anarquista que as associações de classe propuseram escolas para operários e seus filhos. Além das experiências em colônias na zona rural, aconteciam as discussões próprias à formação da classe operária. Saber ler e escrever passava a ser a condição para conhecer, pressionar, modificar e expandir com mais força o ideário e a luta anarquista. As associações de classe foram as primeiras a organizar escolas para alfabetização. Já em 1895, no Rio Grande do Sul, aparecia a Escola União Operária e, com a passagem do geógrafo anarquista Elisée Reclus por Porto Alegre, era fundada uma escola com seu nome. Desde o início do século 20, a relação entre escola, associação de classes e jornais nas regiões sul e sudeste, mas também no nordeste, principalmente no Ceará, foram fortalecidas e seus idealizadores eram os articulistas mais presentes na imprensa libertária.[1]

Os anarquistas pensavam a alfabetização como prática que vai da escola à universidade, ultrapassando as fronteiras do mero domínio elementar da escrita e da leitura oferecido em nome da devoção à obediência, à integração econômica, à ascensão social e à adesão política no processo de moldagem da criança para a vida conformista. Ao criarem suas escolas, eles surpreendiam. Fundaram, em 24 de julho de 1904, no Rio de Janeiro, e onze anos depois em São Paulo, a Universidade Popular, em companhia de outros intelectuais simpatizantes, e avessos ao governo oligárquico. Estabeleciam uma estreita relação entre escola e anarco-sindicalismo, entre "doutrina e método de luta", como sublinhou o historiador e arquivista Edgar Rodrigues (2007, p. 76-81; 1999, p.52-72; 1992, p. 11-102). Em pouco tempo, a proposta da escola racionalista de Francesc Ferrer i Guàrdia era incorporada por esses anarquistas com uma pequena ressalva. Enquanto o educador catalão propunha um método de educar que ele considerava neutro, pois se posicionava eqüidistante do Estado monárquico e do clero espanhol, no Brasil, um pensador anarquista como Florentino de Carvalho estabelecia uma diferença marcante. Para ele, as escolas do Estado e do clero

---

[1] O jornal "Amigo do Povo", desde 1902, foi o principal divulgador do aparecimento dessas escolas, ao mesmo tempo em que publicava notas e reflexões sobre o ensino racionalista e romances libertários em capítulos, como *O ideólogo*, de Fabio Luz. As primeiras escolas de trabalhadores livres foram: *Escola Libertária Germinal*, fundada em setembro de 1903, na Rua Sólon, 138, no bairro do Bom Retiro, em São Paulo; a *Escola Livre*, em Campinas, criada pela Liga Operária, em 1908, para filhos de trabalhadores e que se desvencilhou com presteza das agressões do clero e de seus devotos, como noticiou o jornal anticlerical "A Lanterna", de 13/11/1909. As *Escolas Modernas*, apareceram em 1913, no bairro do Belenzinho, e, reiterando a relação escola, militância e imprensa, na sede da *Escola Moderna 2*, situada à Rua Muller, 74, encontrava-se instalado o jornal "A Rebelião", realizador de ciclos de palestras como as de Florentino de Carvalho, sobre o ensino racionalista. A esse respeito, consultar: Edgar Rodrigues (1992; 2005); Rogério H. Z. Nascimento (2006); Tatiana da Silva Calzavara (2004).

moldavam as crianças; em nenhuma escola havia ensino neutro; e, portanto, a educação anarquista, dentro e fora da escola, devia preparar para a vida livre (Nascimento, 2000). Mesmo que Ferrer i Guàrdia pretendesse, com o ensino racional, um afastamento de qualquer *ismo*, seu método era deliberadamente utilizado por um anarquista como Florentino de Carvalho, sinalizando para a dissolução dos modelos em uma educação capaz de ultrapassar a linguagem da ordem, fosse ela socialista ou democrática. Seguindo esse percurso, podemos afirmar que para um anarquista a linguagem pode ser um vírus estancando os modelos, suprimindo os intelectuais-profetas, arruinando as palavras de ordem, desmontando histórias idealizadas de um passado remoto e sem se apartar, na atualidade, de uma luta urgente da qual não pode e nem deve se esquivar.

A escola como um mundo

Os trabalhadores no Brasil, muitas vezes estrangeiros, eram analfabetos, desconheciam minimamente as leis e eram os alvos principais das medidas de deportação, repressão policial diária e da discriminação social. Eram tratados como *caso de polícia*.

Muitos deles se fizeram anarquistas aqui mesmo no Brasil. Alguns intelectuais contribuíram decisivamente para isso, disponibilizando-lhes suas leituras e transmitindo-as em conversas, palestras, teatros, intervenções públicas e breves textos escritos. Como na Europa e nos Estados Unidos, o anarquismo, desde Proudhon, interessou primeiro aos intelectuais críticos do Iluminismo, que atentos à necessidade de universalização da educação escolar, da alfabetização, do acesso à literatura, e principalmente ao jornal diário, empolgavam os operários que suspeitavam das ofertas assistenciais mínimas proporcionadas pelos patrões, das caridades das religiões e do descaso proposital do Estado. No Brasil, sentiam na pele a exploração e a opressão e, com o apoio dos intelectuais, deram forma a um acontecimento libertário composto de congressos operários e ligas que engendravam associações e greves contundentes.

Com elas vinha uma imprensa própria, nos idiomas dos operários, interessada em alimentar a continuidade das lutas e divulgar as diversas maneiras de batalhar pela liberdade e de vivenciá-la a despeito das repressões e contra elas. Foi assim, e à revelia do Estado, que apareceram as escolas populares, e, depois delas, as Escolas Modernas, inspiradas, como vimos, na proposta da escola racionalista de Ferrer i Guàrdia.

A imprensa era a divulgadora da escola libertária e ao mesmo tempo o seu *material escolar*, pois trazia, além de informações de ciência e arte, notícias atuais sobre a situação dos trabalhadores, seus filhos, habitações, saúde, e informava sobre as variadas sociabilidades anarquistas. A escola não era um prédio ou uma instituição, mas um espaço, um meio, um método, muitas vezes somente uma idéia, utilizada por sindicalistas, ligas anticlericais, grupos de estudos pró-escola moderna, maneiras de levar a cada trabalhador envolvido em uma luta específica subsídios intelectuais que mantivessem e ampliassem a gana em contestar a ordem, resistir ao poder e inventar uma existência.

O mundo do jornal

Hoje em dia, alguém poderia perguntar: onde ficou essa escola? Os arquivos como o da Unicamp – AEL (Arquivo Edgar Leuenroth), o CEDEM (Centro de Documentação e Memória) da UNESP/São Paulo, o Arquivo Nacional e a Biblioteca Nacional no Rio de Janeiro; até mesmo a documentação agrupada por temas e períodos pelo historiador Edgar Rodrigues e pelos Centros de Cultura Social, concentram grande parte dos costumes e memórias anarquistas disponibilizados ao público. Nesses jornais encontra-se a forte influência da proposta da escola racionalista de Francesc Ferrer i Guàrdia, repercutindo nas Escolas Modernas criadas a partir da década de 1910, atuantes até o início da década seguinte, quando foram identificadas pelo governo como escolas de terroristas dispostos a desestabilizar a ordem.

As escolas não acusaram o golpe como esperava o Estado. Elas, rapidamente, desdobraram-se em associações, ligas e sindicatos até transformarem-se, na década seguinte, em centros de cultura. Intensificavam os esforços na formação cultural e política dos trabalhadores anarquistas e diferenciavam-se dos sindicalistas vinculados ao Estado e dos que aderiram ao comando do Partido Comunista, a partir de 1922.

A escola estava nos jornais e nos jornais estava o mundo, segundo os anarquistas.

Abrir os jornais anarquistas é deparar-se com um impresso em português, italiano, espanhol, e, muitas vezes, encontrar, em um mesmo exemplar, artigos redigidos em mais de um idioma. Os anarquistas se diferenciavam na imprensa operária por produzirem jornais libertários que não se balizavam por conquistas econômicas. Entre o direito imediato e o futuro igualitário, o trabalhador anarquista se alfabetizava, politizava e formava suas rodas de amigos, de associados, que depois de compartilharem tanta miséria e exploração, encontravam nos bailes, piqueniques, audições de palestras e no teatro engajado, situações propícias para falar da vida difícil e também das belezas conquistáveis. E assim o mundo trazido pela imprensa aconteceu na escola.

Alguns intelectuais brasileiros, principalmente no Rio de Janeiro e em São Paulo, divulgavam a importância da quantidade e do comparecimento expressivo de trabalhadores nos encontros operários, nos seus congressos, nas suas greves. Procuravam empolgá-los, publicando traduções de textos importantes de escritores anarquistas e enfatizando a diferença marcante entre estes e os demais analistas. Nas palavras ditas e escritas de qualquer libertário havia muita reportagem jornalística, crônicas imediatas, os momentos da batalha e de suas permanências. Elas mostravam a especificidade dos confrontos e a necessidade de aglutiná-los diante da possibilidade de transformação. Armavam argumentos para combater os limites: político-parlamentares, do voto, do feminismo, e alertavam para a absorção constitucional das reivindicações das minorias. Os anarquistas e suas palavras desviavam-se das confirmações constitucionais, deslocando-se para as práticas federativas, dentre elas a abertura de escolas racionalistas e maneiras mutualistas de sustentá-las.

O jornal do mundo anarquista

A imprensa anarquista lidava com dificuldades financeiras para imprimir e distribuir periodicamente seus jornais. Deixava isso claro a cada leitor. *O amigo do povo*, inaugural jornal em língua portuguesa, editado por italianos e portugueses, no Rio de Janeiro, em 1902, estampava no cabeçalho, ainda em 1907, tanto um "sai quando pode", como um convite à "subscrição voluntária permanente".

O jornal foi formado por um grupo de anarquistas imigrantes composto por Neno Vasco, Benjamim Mota, Oreste Ristori, Giulio Sorelli, Tobia Boni, Angelo Bandoni, Gigi Damiani, e algumas mulheres como Maria de Oliveira, Matilde Magrassi, Elisabetta Valentini, Sorelina Giordani. Entre os colaboradores do Rio de Janeiro estavam Motta Assumpção, Manuel Moscoso, Luigi Magrassi, Elysio de Carvalho e Fabio Luz. Estes anarquistas de São Paulo e Rio de Janeiro compunham o fluxo irradiador que ia do comunismo libertário ao anarco-individualismo. Desde o seu lançamento, *O Amigo do Povo* instigava os jovens a estudar e sublinhava a importância da escola e da leitura.

Sua diagramação encadeava inquietações, ao mesmo tempo em que informava a necessidade de alfabetização, estudo e escola aos jovens, em um artigo propositalmente intitulado "À mocidade estudiosa", assinado por Jose Reguera, em 1907. Em outro artigo, "Lei de expulsão", explicitava ao leitor que a utilidade de saber ler e escrever estava além da erudição e do cumprimento do dever de cidadão, e informava a respeito de controles e repressões do Estado sobre trabalhadores libertários. A lei pretendia atingir os militantes mais combativos identificados pela polícia entre os imigrantes, sem contar com o fato de que muitos brasileiros já eram anarquistas, por isso, e brevemente, acabaria aplicada na ação repressiva dos governos contra todos esses homens e mulheres.[2]

---

[2] As leis de expulsão de estrangeiros visavam reprimir a atuação de trabalhadores anarquistas e tiveram início em 1893. Atingiram, diretamente, os anarquistas a partir da lei proposta pelo deputado

Os anarquistas, na primeira página de seus jornais, aproveitavam muitas vezes para estampar palavras de ordem dirigidas aos seus alvos preferidos. No suplemento semanal do jornal anti-clerical *A Lanterna*, de São Paulo, dirigido por Edgar Leuenroth, chamado "O livre pensador", em 5 de janeiro de 1913, lê-se, respectivamente, à esquerda e à direita do título: "Fugi, vampiros sociais!"; "Abaixo o VATICANO!".

Neste mesmo ano, *Germinal!*, editado por Rodolfo Felipe e Florentino de Carvalho, publicava na primeira página o artigo "A greve geral. Utilitária. Solidária. Revolucionária", escrito em 1902 pelo educador e elaborador da proposta da escola racionalista, Francesc Ferrer i Guàrdia. Nele se explicitava o vínculo entre educação e trabalho atravessado pela escola e a urgência de contestação à ordem.

Os anarquistas sabiam que não havia imprensa isenta de interesses, como pretendiam os liberais, pois todo fato é noticiado de maneira interpretativa e toda imprensa mobiliza com adesão ou omissão dos leitores. No editorial, denominado "É preciso escandalizar", Florentino de Carvalho assinava com seu verdadeiro nome, Primitivo Soares, e despistava a repressão que o perseguia para se transformar em um correspondente em Lisboa.[3] De maneira direta e convincente, informava que o jornal anarquista é um agente de mobilizações, mas que se recusava liderar pessoas ou classes; para ele, o papel do jornal ao escandalizar era o de "precisamente exprimir admiração ou espanto que causam os princípios ou práticas hostis ao ambiente estabelecido". Segundo Florentino de Carvalho, "devemos escandalizar a todo transe. Quando tivermos

---

paulista Adolpho Gordo de 1907, com posterior revisão em 1913. Cf. Christina Roquette Lopreatto, 2003.

[3] Florentino de Carvalho foi um dos anarquistas expulsos pela lei Adolpho Gordo. Todavia, ele nunca saiu do Brasil. Percorreu diversas partes da costa litorânea brasileira a bordo de um navio-prisão até ser resgatado, surpreendentemente, por companheiros libertários. Cf. Rogério H. Z. Nascimento, 2000.

escandalizado o mundo ele será nosso". No número 15, de 29 de junho de 1913, em "A imprensa anarquista", defendia a prática da luta armada, contrária ao seu ideário anarquista, ao se reportar às condições históricas de defesa do povo da Catalunha contra a monarquia na revolução de julho de 1909:

> a revolução armada, o atentado, o incêndio, a sabotagem, a greve, a manifestação pública, a organização operária, são meios mais ou menos violentos, antepostos à nossa idéia de paz e harmonia. Muitas revoluções e todos os atentados tiveram por fim reprimir as monstruosidades praticadas pelo Estado e pelo capitalismo quando não puderam ir mais longe.

Encerrava o artigo afirmando:

> todos estes meios estão concordes com o fim que se persegue, e em vez de seguirmos exclusivamente a escola de Stirner, de Proudhon, de Kropotkin, etc, temos que propagar, com as reservas da própria opinião, as diversas escolas propagando e afirmando a Anarquia, abreviando a hora da Revolução. Essa é a orientação que entendo, deve seguir a imprensa, que sem outros adjetivos, se intitula anarquista.

Em 20 de abril, aparecia o número 6, estampando o artigo "Palavras de Ferrer", assinado por Zero, e originalmente escrito em 15 de fevereiro de 1902, trazendo uma crítica à atuação dos republicanos espanhóis tidos como reformistas e salvadores da monarquia. Para Zero, ao contrário, só a greve geral levaria à revolução social:

> se os republicanos se tivessem unido ao povo para ir à verdadeira revolução, então sim que nada teria servido à monarquia, à fidelidade dos soldados, porém não o fizeram e agora é demasiado tarde para intentá-lo.

Um outro jornal chamado *Jerminal*, em 15 de junho de 1919, conclamava a uma reforma da escola que levasse à solidariedade e não à guerra; que ajudasse a ultrapassar a situação horrenda como a vivida pela Rússia antes da revolução, com a coragem que os republicanos espanhóis não tiveram. Mesmo diante das dificuldades, "e como Ferrer no patamar da morte, nós exclamaremos: Viva a Escola Moderna!". A articulação entre a defesa da escola e a educação libertária era uma constante. Nesse mesmo número, ao pé da página que noticiava a situação da Rússia, lia-se a frase de Bakunin: "A política é a arte de dominar e tosquear as massas". E, na página seguinte, Neno Vasco, anarquista de origem portuguesa, no artigo "Sindicalismo revolucionário", sublinhava a luta política de *ação direta* contra a ação parlamentar. Até que, entre as notas da última página, intitulada "Em São Paulo", noticiava-se que "apesar da violência do Estado exercida em socorro do capital, os trabalhadores paulistas continuam em greve parcial visto se terem curvado alguns capitalistas aos pedidos dos operários. A união dos trabalhadores faz a força e benefício dos mesmos!"; e por derradeira nota, "À última hora", comunicava-se que "quando nosso jornal ia entrar para a máquina fomos informados que a União dos Operários em Fábrica de Tecidos em assembléia geral declara a greve geral da classe. Qual será a nova do chefe de polícia e de seus sequazes?". Enfim, "*Anarquia* quer dizer *não superioridade* isto é, não governo de indivíduos que impõem sua vontade aos outros. *Assinado: os Anarquistas*". Nesse mesmo número, Antonio Attavila escrevia sobre o amor livre, um libelo contra o casamento, suas leis, cerimônias religiosas, o domínio dos pais sobre as filhas, a submissão da mulher, a encenação do casamento como relação indissolúvel e convenção social. Um novo jornal também era anunciado e, para angariar fundos para sua impressão, convidava-se o leitor para um festival na Quinta da Boa Vista, promovido por 32 associações operárias. Para concluir a exposição sobre educação e revolução, a matéria "Educação na Rússia" informava que professoras francesas recém-chegadas constataram que as crianças estavam na escola, recebiam alimentação, e seus pais, que participavam do *soviet* local pelo conselho escolar, recebiam formação intelectual, moral e artística de universidades populares que promoviam cursos, palestras, usos do teatro, da ópera e do cinematógrafo e, além disso, facilitavam o acesso a edições baratas das melhores obras literárias. Um outro *Germinal*, periódico *settimanale libertario*, de 13 de setembro de 1919, em "La scuola moderna" denunciava a mais recente tentativa de bloquear os anarquistas: não mais pela condenação à prática do amor livre, mas pela própria existência das escolas modernas. Os anarquistas eram insuportáveis ao Estado pela sua capacidade de inventar práticas de liberdade diante de qualquer repressão.

A escola se afirmava como um espaço físico de formação e informação e, também, de aglutinação de diversas idéias-força libertárias. Educação, escola e revolução eram indissociáveis e simultâneos; aconteciam no momento em que o jornal era escrito, quando era distribuído, ao inflamar os leitores para luta imediata, e ao sinalizar para a utopia igualitária. Kropotkin aparecia como o principal mentor do comunismo libertário e habitava essas publicações em capas, textos e referências a uma vida política comunista livre do parlamento e baseada nos princípios da ajuda mútua.

O *Graphico*, órgão da associação gráfica do Rio de Janeiro, em 16 de dezembro de 1917, em seu nº 48, noticiava: "Uma Vítima. Edgar Leuenroth". Relatava o processo penal responsabilizando o militante e diretor do jornal *A Plebe*, de São Paulo, pelos saques nos armazéns do Moinho Santista, de Favilla Lombardi, e Edmundo Mtzger, na Mooca, durante as greves de junho. Acusava o governo estadual de aplicar sua "sanha feroz", dizendo:

> e tal é o terror que à aristocracia paulistana inspira o denodado lutador da causa dos oprimidos, que o juiz que devia presidir o Tribunal do Juri, onde ia ser julgado o nosso corajoso companheiro, cedendo às imposições do governo de S. Paulo, adiou bruscamente o seu julgamento para o mês de março, apesar de ter dada a *palavra de honra* ao Dr. Evaristo de Moraes, advogado de defesa de Edgar Leuenroth, de que este seria julgado durante o mês de janeiro, julgado durante este mês. A *honrada gentinha* que pretende fazer condenar Edgar Leuenroth como ladrão é a mesma que tem sido acusada em letra de forma de

se locupletar com os dinheiros do erário paulista, e de terem enriquecido à custa da classe trabalhadora, a que muito se honra de pertencer o combativo diretor d'*A Plebe*".[4]

No mesmo número, aparecia a Conferência realizada por Carlos Dias na abertura da Exposição Gráfica de janeiro de 1917, chamada "A arte como fator de educação no meio proletário", e o artigo "Estudemos", por Firmino de Oliveira, que mostrava a confiança dos anarquistas na escola como meio para a instrução capaz de acabar com a separação entre trabalho intelectual e manual, em oposição à concepção burguesa de ascensão social:

> A instrução impõe-se e torna-se hoje em dia indispensável ao operário. Instruímo-nos, instruindo nossos filhos, que nos terão de suceder, tornando-lhes menos escabrosa a estrada que terão de percorrer. Tenhamos em vista que para o futuro não se poderá conceber o homem sem instrução. É da escola que nascem os grandes vultos, e dos grandes vultos surgem idéias luminosas!...

Era dessa maneira que o Iluminismo habitava a educação escolar anarquista.

Neste jornal havia a "Sessão Sociólogos Célebres", composta de breves biografias, apresentadas em cada número. No exemplar de 16 de abril de 1920, no 5º ano de sua existência, aparecia Charles Fourier, apresentado como Carlos Fourier, o inventor do Falanstério e "o primeiro pensador que compreendeu a força da associação". Na mesma página, um artigo traduzido de Sebastién Faure, "Liberdade ou monopólio?", concluía com a seguinte reflexão a respeito da criança educada para a formação integral (física, intelectual e moral):

> já que a verdade se acha dentro de nós, é necessário deixar que a criança procure *por si mesma*, essa verdade cada vez mais grande e luminosa, para a qual nos dirigimos. Se não possuímos a verdade, possuímos umas verda-

---

[4] Sobre os desdobramentos desse processo, ver Edgar Leuenroth, 2002, p. 10-19. Sobre suas atuações, *Anarquismo, roteiro da libertação social* (2007).

des. Estas verdades são as noções da já certa, demonstráveis e evidentes; são os conhecimentos adquiridos, as realidades positivas, as proposições comprovadas e comprováveis. Estas verdades, numa palavra, formam o conjunto de conhecimentos que constituem no presente o *capital intelectual* da humanidade. Por este *capital-saber* (comunismo cerebral) à disposição de todas as crianças, é que de nós exige este direito desse pequeno ser inteligente, em período de formação e de desenvolvimento.

O Grito Operário, Órgão da Liga Operária da Construção Civil, em 21 de dezembro de 1919, recomendava "não confundir o 'Grito Operário' com o 'Operário', órgão da clericanalha". No início do ano seguinte, em 28 de janeiro, o artigo "Voto feminino" caracterizava a burguesa instruída como a mulher elegível, geralmente "filha de industrial" ou "esposa de chefe político" e que era "aclamada por milhares de votos femininos". Por isso mesmo, o feminismo parlamentar era considerado o complemento do regime da opressão:

> e que direito tem uma pessoa de dispor da vida e da liberdade de outrem de ter sobre ela o poder de governá-la? Porque, não o duvideis, a ilustre deputada manterá também, encarcerará e até fará aprovar leis de repressão contra os que como ela não pensem. Eu mesmo, se publicasse esse artigo em pleno regime feminista, corria o risco de dar com os pobres ossos em algum calabouço. E não creio que as carcereiras fossem menos brutais que os carcereiros. Tão pouco creio que prefiro carcereiros. E as operárias não se fiem tampouco em que o regime feminista lhe garanta o direito à greve.

Ao lado deste texto outro artigo intitulado "Comitê pró-presos e deportados. Companheiros! Trabalhadores!" lembrava que

> "os presos ou deportados são nossos companheiros que lutaram pelas reivindicações das classes trabalhadoras. [...] É nosso dever pois, concorrer para aliviar a miséria destas famílias abandonadas, e arrancar das grades das prisões, os nossos companheiros presos. Companheiros! Intensifiquemos a nossa campanha em prol dos nossos irmãos presos, e tenhamos um gesto, de sentimento humanitário, demonstrando toda a nossa solidariedade digna da classe trabalhadora para com as

vítimas da reação capitalista. [...] Brevemente iniciaremos a publicação das listas que nos foram entregues e das quantias distribuídas. [...] Além das famílias que estamos auxiliando pretendemos obter a volta dos companheiros deportados por meio de um hábeas corpus ao Supremo Tribunal, e as famílias que querem alcançar os seus entes queridos devemos prestar-lhes todo o nosso apoio, facilitando-lhes todos os meios de viagem. E para que a nossa iniciativa alcance o êxito almejado precisamos contribuir com toda nossa vontade para tão nobre causa. [...] Todas as famílias dos companheiros deportados que quiserem obter alguma informação podem dirigir-se à sede desta Liga." *Assinado*, O Comitê.

No mês seguinte, empolgados com a Revolução Russa, e reiterando a crítica à política parlamentar, publicava

> O caminho para o comunismo", de José Falsetti, onde se lia: "a força revolucionária da classe operária não está nas assembléias representativas, não devendo ser procurado na eloqüência dos deputados operários na assembléia parlamentar, mas, sim, onde se agita a verdadeira vida social e onde se efetua o trabalho... Campinas, janeiro de 1919.

Todavia, tempos depois, em 22 de abril de 1933, em seu número de aniversário, não só estampa no cabeçalho, "TRABALHADORES! O VOTO É UMA BURLA!", como emendava no artigo "Vozes libertárias" a seguinte conclusão:

> chegou a hora de que o Povo se preocupe a sério com fazer sua própria revolução. Não uma revolução, que, a semelhança da francesa e da russa, apele a uma casta para erigir outra, derrube a oligarquia A ou partido B, para substituí-los pela oligarquia C ou o partido D. Tenhamos sempre presente que, de chapéu alto, de espada ou de martelo, todo governo é opressão, ditadura, instrumento com que as minorias ociosas, dominam e exploram as maiorias produtoras. Nenhuma revolução política se faz nem se fará senão em benefício dos interesses particulares do partido que a dirige. [...]

Ao mesmo tempo incitava ao combate anunciando em "O socialismo indígena", o fracasso da revolução de 30, do sindicalismo amarelo e do socialismo brasileiro:

"aqui como em toda parte os políticos de todos os matizes fracassaram. Os trabalhadores nada podem esperar fora de eles próprios. O caminho a seguir pois é o que estão seguindo os nossos irmãos da Península Ibérica. Combate sem trégua ao capital, combate sem trégua ao Estado, combate, sem trégua ao clero e combate sem trégua a todos os politiqueiros, sejam eles, bolchevistas, socialistas, fascistas, patrinovistas, etc, etc. A salvação da humanidade depende do extermínio da casta que pretende dominar e da implementação do Comunismo Libertário." Assinado. J. Aguilar, São Paulo, abril de 1933.

O feminismo anarquista aparecia neste mesmo ano no "Centro Feminino Jovens Idealistas", criado por iniciativa das irmãs Penné e Maria Suares, em 6 de abril, convocando as mulheres para a luta de Emancipação Social. No artigo 6º do Estatuto, constava: "a sua obra de educação não se limitará a desenvolver-se apenas entre o elemento feminino. Ela se estenderá aos trabalhadores em geral, sempre que lhe for possível". E dessa maneira o feminismo anarquista diferenciava-se dos demais.

Antes do fechamento da *Escola Moderna* 1 e 2 em São Paulo, motivado pela alegação de ato terrorista, e de maneira análoga à prisão de Ferrer i Guàrdia, em Barcelona, saía o "Boletim da Escola Moderna", em 13 de outubro de 1918, pretendendo ser uma publicação mensal e dirigida por João Penteado. A leitura deste número nos remete a alguns artigos emblemáticos. A data de lançamento da publicação marca os 9 anos da morte do educador catalão. Em "Homenagem a Francisco Ferrer. Racionalismo Humanitário", publicava-se o artigo de sua autoria datado, de 1 de julho 1907, em que afirmava:

> a Escola Moderna pretende combater quantos preconceitos dificultem a emancipação total do indivíduo e para isso adota o racionalismo humanitário que consiste em inculcar à infância o afã de conhecer a origem de todas as injustiças sociais para que com seu conhecimento possa logo combatê-la e opor-se a elas.

Noticiava-se a reabertura da Escola Moderna 2, situada na Rua Maria Joaquina, 13, São Paulo, Brás, "a cargo do companheiro Adelino de Pinho, achando-se abertas as matrículas para alunos de ambos os sexos de 6 a 12 anos. Horário: das 11 às 4 da tarde para menores, e das 7 às 9 da noite, para maiores". Em 1 de maio de 1919, aparecia "Tudo muda, por Eliseu Reclus":

> Tudo muda, tudo é móvel no Universo, porque o movimento é a condição mesma da vida. Outrora os homens, que o isolamento, o ódio e o medo deixaram na sua ignorância nativa, enchendo-os do sentimento da sua própria fraqueza, só o imutável e eterno viam ao seu redor.

Uma festa pela passagem do 7º. ano da Escola Moderna 1 era anunciada como "A festa próxima", que

> realizar-se-á na nossa sede, a 17 de maio, às 18 horas da noite [...] devendo executar-se um programa variado e atraente que constará de recitação de poesias e cantos de hinos pelos alunos, conferência, baile familiar e quermesse.

Ao mesmo tempo, no número duplo 3/4, na sessão "Várias Notas", informavam que "o Sindicato de Resistência dos Laminadores de São Caetano resolveu, em assembléia realizada em agosto deste ano, dar um auxílio de 10$000 mensais para manutenção da Escola Moderna". Em "Novos horizontes, novas esperanças", Adelino de Pinho escrevia:

> crianças, meninos, jovens, dai largas à expansão de vossos corações, acalentais as mais doces esperanças, a fé mais funda, os mais fagueiros e ridentes otimismos! Vai surgir o sol da justiça social que a todos por igual iluminará e aquecerá com seus raios e acariciará com seu brilho! Tende confiança nos destinos superiores da humanidade! Acreditai na próxima transformação da sociedade que muito concorrerá para vos alargar as possibilidades de serdes felizes, justos e respeitados! Regozijai-vos, que novas esperanças alentam os corações! Com isso os fundadores da Escola Moderna muito se congratularão e só então é que sua missão e o seu programa poderão ser executados em toda sua plenitude. Oh maio vermelho da redenção social, nós te saudamos com alvoroço!

Em nota sobre a Escola Moderna 1 (Av. Celso Garcia, 262), informava-se os matriculados no curso diurno (1º Ano

A e B, 2º Ano e 3º Ano A e B), no curso noturno e no curso de datilografia. A matéria de capa, "Salve 1º de Maio" falava diretamente com crianças:

> Aos meninos: Uma saudação à infância neste dia de festa e de esperança, em que tão pouco pensais ainda. Nunca como hoje tão carinhosamente o nosso pensamento vos procura e vos abraça percorrendo todos os países, "civilizados" onde a cupidez aliada à fome curva a infância a uma fadiga que lhe constrita a alma e lhe devora as forças. 1 de maio de 1919.

Era assim, com um discurso que, muitas vezes, recorria à inversão da retórica religiosa que os anarquistas afirmavam a razão iluminista e as teses da emancipação humana contra o tradicionalismo mítico-religioso – definido por eles como obscurantismo –, e as limitações racionais que serviam ao domínio burguês por meio da emancipação política – definido por eles como perpetuação do governo e do Estado como regime de opressão da burguesia sobre as classes produtoras.

O mundo do mundo anarquista

A permanência desses arquivos mantém a vida impressa em páginas amareladas e em fragmentos de textos fugidos e escondidos das várias repressões. Hoje em dia, suas histórias distorcidas, desfocadas, recuperadas, restauradas estão conservadas em imagens eletrônicas arquivadas que cada um pode trazer para seu próprio computador armazenando-as num pequeno hardware. Ao abrir o arquivo na tela líquida, diante dos seus olhos, saltam as rebeldias, as lutas, as palestras, os brados, os cursos, as peças de teatro, os anúncios, os pedidos solidários, as traduções urgentes, as notícias quase estranhas, as convocações para os comícios monumentais. É assim que eles entram na nossa casa, andam com a gente e sinceramente dão-lhes as costas quando são transformados em palavras mofadas, adormecidas em burocráticas teses acadêmicas; nelas são chamados de agentes dos primórdios da luta operária; são identificados como componentes de um movimento pré-político sem destino e aguardando pela direção comunista ou pela legislação liberal apodrecida pela oligarquia. Nestes jornais, a verdade em ato ultrapassa a veracidade do registro histórico; o quanto de coerência e retidão eles nos deixaram é do âmbito da beleza, da ética e do admirável contidos nas lutas ali noticiadas. A contundência e a vivacidade das respostas dadas naquele momento expressavam diversas situações inimagináveis aos bem-acolhidos da atualidade: a situação das crianças aprisionadas nas fábricas; a sofreguidão das mulheres longe das suas casas, comidas, homens, filhos e enfurnadas na podridão das oficinas; as reviravoltas sobre tantos operários acusados de subversão, desordem, degeneração, policiados como propagandistas de idéias exóticas e monstruosas a serem banidas desse limpo território brasileiro governado por uma ilusionista aristocracia afrancesada nas roupas, gestos e positivismos. Muitas vezes, esses operários eram apenas gente simples, sem tempo sequer para notar a possibilidade de uma revolução. Contudo, a tenacidade e a sagacidade que punham em seus corpos nas greves, tribunais e imprensa rapidamente levaram-lhes a notar a insuficiência dos direitos traduzidos em deveres pela legislação trabalhista e medidas de assistência social. O que parecia ingênuo foi estampado nos jornais como insurreição em favor da justiça social. Hoje em dia, condições similares de miséria permanecem apesar de tantos direitos, leis, Constituição, assistências sociais, organizações de vigilância e um crescimento monumental das polícias, que acompanharam a formação de uma certa população trabalhadora sindicalizada, ocupada, organizada, eleitora e apaixonada por negociar com patrões e governos. É nessa hora que a memória das lutas e dos muitos jeitos de batalhar daqueles anarquistas reaparecem para alertar para a invenção de outros combates, como eles o fizeram depois do fim do Estado Novo, durante a ditadura militar pós-64, e, depois disso, o que os politólogos passaram a chamar por *abertura política*.

Em uma era de iracundos analfabetos, de ex-escravos desterrados, governados por um simulacro de aristocracia européia, os anarquistas entraram na cultura brasileira para gerar o inopinado, o que permanece à flor da pele, o indomesticável, o indisciplinado, os possíveis desde aquelas pessoas tidas como simples, comuns, ordinárias, sujas, ignorantes, fodidas, chamadas anarquistas, que inventaram a escola como mundo e colocaram o mundo no jornal, encorajando maneiras para dar forma à liberdade.

Capítulo IV

Desobediências e disciplinas

A escola passou por diversas reformas e tornou-se o espaço obrigatório onde a criança e o jovem permanecem cada vez mais. Alguns, em renomados colégios, seminários, escolas de ponta; os demais, em escolas estatais, recolhimentos provisórios, internatos, cursos rápidos de alfabetização, inclusão e normalização escolar.

Educando para governar e ser governado, a escola, estatal ou privada, desempenha seu papel de formadora moral para a obediência escorada em parâmetros humanistas, técnicos e disciplinares necessários para orquestrar cidadãos e trabalhadores segundo a administração dos endividamentos, a circulação eletrônica de produtos, em um planeta que tende à universalização capitalista, democrática e transterritorial. Esta nova configuração redimensiona a escola disciplinar, que funcionou de maneira análoga no capitalismo e no socialismo, cultivando seus operários e administradores.

A escola, como a fábrica, o banco, as instituições militares e policiais regravam-se segundo as suas direções, mais ou menos centralizadas, e o funcionamento das vigilâncias e punições pela hierarquia. Em nome da igualdade socialista a ser alcançada, a escola se uniformizou e militarizou, ignorando as diversas sugestões anarquistas. No capitalismo, por sua vez, em nome da liberdade democrática, uma escola pluralista se sedimentou, aproveitando-se das experimentações libertárias.

Em ambos os regimes, as práticas anarquistas em educação lidam com dois problemas. No capitalismo, o anarquista deve estar atento para as maneiras pelas quais suas invenções de liberdade acabam capturadas pela escola democrática. No socialismo – como a revolução social depende do resultado do combate pela direção do movimento das forças mais ou menos afins –, sob o governo centralizado, a escola para emancipação humana se tornou mais ou menos autoritária, como em qualquer regime político. Ainda no campo da revolução social, sob a perspectiva anarquista da abolição do Estado, deixar a escola libertária para depois da revolução é abdicar da invenção de novas práticas de liberdades.

Internacional Democratic Education Conference (IDEC) e a Escola da Ponte

A expansão da educação democrática está se transformando na institucionalização de uma nova maneira de educar na sociedade de controle, que envolve professores, alunos, funcionários e a comunidade. A *Internacional Democratic Education Conference* (IDEC) é a união que melhor expressa a formalização da educação como prestação de serviços ou direito fundamental. Ela se reúne, anualmente, em diversas partes do planeta, desde 1993, e contempla escolas apartadas do controle direto do Estado, como as da Dinamarca, Israel e Nova Zelândia, mas também as estadunidenses e canadenses voltadas para a reforma do ensino, integrando a comunidade na escola, e a escola no interior de cada aluno, professor, funcionário, cidadão.

A IDEC pretende democratizar o ensino governamental, ampliando o controle das comunidades. No caso estadunidense, a escola democrática apareceu em 1968, com a criação da Shaker Mountain, pelo Comissário de Educação do Estado Harvey Scribner. Desde então, cresceu o número de escolas que pretendem flexibilizar as decisões governamentais sobre educação, procurando, inclusive, delas se desvencilhar ou com elas compartilhar uma nova forma de educar e escolarizar.

A proposta educativa separada da direção estatal, voltada para o aluno e que envolve a comunidade, remete às reflexões e propostas de 1962 do anarquista Paul Goodman. Nestas, a escola é um espaço favorecedor da convivência entre mestres e discípulos, administrada pela sociedade civil local. Goodman (1976) é, também, um adepto das escolas alternativas ou paralelas, como *Summerhill*, incluídas por ele na deseducação compulsória, uma peculiar maneira de reconhecer um mestre em cada indivíduo livre, levando à dissolução da escola na comunidade. Dessa maneira, ele antecipa a configuração da administração pública, elaborada por Murray Boockchin (1998), anos mais tarde, como municipalismo libertário, explicitando estas propostas como experiências tipicamente estadunidenses de revisão das idéias anarquistas, em que se entende por política a ocupação do espaço público por todos.

A escola democrática procura encontrar a tomada de decisão compartilhada entre os estudantes e professores; realizar uma abordagem centrada no aluno, em que estes escolhem suas atividades diárias; viabilizar a igualdade entre os funcionários e estudantes; e tratar a comunidade como uma extensão da sala de aula.[1] Trata-se de uma reforma da escola e da educação governamental.

Outras institucionalizações acontecem, como mostrou Francesco Codello (2006),[2] apontando para a não presença obrigatória dos alunos em aulas; o impedimento de adultos em imiscuir-se em questões das crianças a não ser quando solicitados; a escolha dos professores não mais pelos procedimentos impessoais e burocráticos, mas por aprovação depois

---

[1] Ver a página na internet: http://www.educationrevolution.org/demschool.html/. Sobre a governança neste tipo de escola, consultar Jerry Mintz, Democratic School Governance (s.d.); sobre curso *online* para educadores, avaliarem a possibilidade de criar escolas democráticas a partir da experiência estadunidense, por Jerry Mintz (2008-2009) e Ron Miller (2008). Ainda sobre rede de informações, ver International Democratic Education Network (IDEN) (2007). No Brasil, participa da IDEC, a escola *Lumiar,* onde ocorreu o encontro internacional entre 8 e 16 de setembro de 2007.

[2] Ver, também, seu longo estudo sobre teoria e práticas anarquistas *La buona educazione. Esperienze libertarie e teorie anarchiche in Europa da Godwin a Neill* (2005).

de período probatório; a ultrapassagem dos muros da escola pelas atividades pedagógicas; e as eventuais sanções ou punições, quando previstas pela escola, decididas em assembléias gerais. Codello, um educador anarquista, vê as escolas democráticas como a confirmação da existência de uma *outra globalização*, e mostra-se um de seus entusiastas, ao ver no exercício da democracia direta a realização do "novo mundo escolar".

Este *novo mundo escolar* não ocorre apenas desvinculado do controle governamental; já se experimentam propostas democráticas como maneira de administrar a indisciplina e salvar a função social das escolas estatais investindo em alternativas. Este é o caso da Escola da Ponte, localizada na Vila das Aves, cidade do Porto, Portugal. Em 1976, o educador José Pacheco ali chegou e se estabeleceu disposto a resolver problemas, como o isolamento da escola da comunidade, e dos professores dentro da escola; a exclusão escolar, social e a indisciplina.[3]

Como solução, desenvolveu um projeto de escola democrática destinada a recuperar a função integradora da escola com alunos e criar um espaço de atuação na comunidade. Nesta escola, não há seriação ou ciclos e os professores não são responsáveis por uma disciplina ou por uma turma específica. As crianças e os jovens definem quais são suas áreas de interesse e desenvolvem projetos de pesquisa, tanto em grupo como individuais. As decisões são tomadas por meio de assembléias, que deliberam desde a limpeza e conservação do prédio até os conteúdos e matérias a serem trabalhados. As atas das assembléias são postadas em um blog que pode ser consultado por qualquer um na internet.[4]

O objetivo da assembléia escolar, que ocorre no início do ano letivo, é estabelecer um sistema de direitos e deveres que deve ser seguido e defendido pelos escolares durante

---

[3] Ver, no site da revista *Nova Escola*: http://novaescola.abril.uol.com.br/ed/171_abr04/html/falamestre.htm/.

[4] Ver, no site Itaú Cultural: http://www.itaucultural.org.br/index.cfm?cd_pagina=2132&cd_ materia=1123/. Para consultar o Blog: http://escoladaponte.blogspot.com/.

o ano. Além desta assembléia anual, ocorrem outras regulares para solução de conflitos, distribuição de tarefas, discussão e avaliação dos projetos e das atividades que estão sendo desenvolvidos; nestas assembléias, os escolares, professores e funcionários, discutem os problemas depositados na *Caixinha dos Segredos*, que registra as queixas contra colegas ou a confissão de dificuldades pessoais que revelam para os educadores os "motivos da indisciplina".[5]

A Escola da Ponte, embora tenha uma história específica, insere-se entre as experiências modulares de alternativas democráticas para a vida escolar, criando condições e apontando caminhos para uma reforma da escola como continuidade da escolarização da vida. Não é fortuito que ela destinava-se, inicialmente, a crianças indisciplinadas, com histórico de violência e diagnósticos psicológicos e psiquiátricos negativos. A história de seu idealizador José Pacheco, que ficou muito conhecida no Brasil, assemelha-se àquelas fábulas de filmes estadunidenses em que um diretor dedicado salva a escola, os seus alunos e a comunidade do entorno.

Com a difusão da escola democrática, associada tanto aos educadores anarquistas, como é o caso da IDEC e Codello, quanto às escolas do Estado e educadores idealistas, como é o caso da Escola da Ponte e Pacheco, pergunta-se: como acontecerá uma escola anarquista nas modulações da escola democrática? Experimentações como a *Paidéia* e a *Bonaventure* sucumbiram diante da pressão do Estado. Teriam elas sobrevivido no interior das escolas democráticas? Se a resposta for afirmativa, a escola anarquista, hoje em dia, nada mais é que uma *alternativa*; se a resposta for negativa, não haverá por que uma escola anarquista?

La Ruche-A colméia

Se no capitalismo e no socialismo autoritário a escola é um lugar de investimento para conter a rebeldia, por meio

---

[5] Para mais informações, ver: http://www.eb1-ponte-n1.rcts.pt/html2/portug/projecto/instrume/segredos.htm/ e http://pt.wikipedia.org/wiki/Escola_da_Ponte/.

de salas de aulas fechadas, com disposições disciplinares de distribuição de pessoas e objetos no espaço e de normalização de condutas, o que elas menos suportam é a indisciplina, a revolta e o desafio à sua hierarquia, mais ou menos rígida. A escola *para todos*, um efeito do Iluminismo, guardadas as proporções, é uma maneira de prender crianças e jovens, para inibir suas paixões, contestações, insurreições e prepará-los para uma obediente vida integrada.

Neste sentido é que uma escola emancipadora, depois da revolução, pode ser um dispositivo de contenção. Todavia, ao funcionar no imediato ela é uma experimentação contestadora da ordem, com invenção libertária da vida.

Era preciso coragem para inventar *La Ruche*, uma escola autogestionária, uma "cooperativa integral", como Faure gostava de chamá-la. Nela, a autonomia da criança era valorizada em oposição à concepção capitalista de criança como adulto em miniatura; estava voltada para fortalecer a coragem dos pequenos:

> o corpo, o espírito e o coração da criança para o educador devem ser como um espaço sagrado, jamais desencorajado, por mais rude que seja a tarefa, pois ele tem o dever de limpar, capinar, cavar, semear, arar, transplantar, aparar, podar, apoiar, proteger, regar, colher, a fim de que, como responsável por esse jardim, desabrochem as flores perfumadas e amadureçam as frutas saborosas. (Faure, 1910)

Crianças educadas nessa perspectiva mudariam odores e sabores do mundo, restaurariam o equilíbrio à natureza e, na vida adulta, seriam vigorosos libertários povoando o mundo de cooperativas integrais. Faure adiantava o que viria a ser uma ecologia social anarquista.

Educação e natureza eram inseparáveis e formavam a cultura integral: física, intelectual e moral. Segundo Faure (1921), é de novas "idéias, conhecimentos, métodos, processos usados em educação da criança que dependerá, mais tarde, a vida intelectual do adulto". Por cultura física entendia a alimentação sadia e higiênica, acompanhada de exercícios físicos ao ar livre. A cultura intelectual voltava-se para liberar a criança da escola como prisão, da severidade, do sistema de punição e recompensas, e dissolver a competitividade própria ao agrupamento de crianças em classes; trazia-lhe o gosto pelos estudos que deveriam começar com um programa bastante leve, de conhecimentos básicos fundamentais como escrita, leitura, cálculo, primeiras noções de desenho, noções elementares de ciência. Pretendia-se com isso fortalecer a inteligência entendida como capacidade de compreender, memória, imaginação e julgamento. Decorria de maneira lógica a aproximação da cultura física e intelectual da cultura moral do estudante formado em meio a muitas conversas voltadas para se aprender a lidar com dificuldades; uma educação própria aos que se associam libertariamente, avessos aos constrangimentos relativos ao sistema de recompensa e punição. Para Faure, a criança é o efeito do meio em que ela vive; então, para mudar o mundo é preciso transformar o lugar onde se vive. Não basta uma escola, é preciso uma associação que acolha a escola. Não basta um lugar para instalar a escola, é preciso inventar espaços de educação, e a imaginação, que é própria de crianças, deve ser potencializada.

À sua maneira, Faure, como Stirner e Godwin, interessava-se pelo mundo novo a partir da criança. Ele o associa a uma nova moral, como Godwin, Proudhon e também Bakunin, mas diferentemente de Stirner, que via nessa educação a possibilidade de suprimir a moral em favor de diversas éticas de liberdade. Mesmo assim, eles todos sabiam que uma educação liberadora muda o mundo, ainda que isso aconteça num minúsculo lugar ou num imenso espaço, como *La Ruche*, de Sebastién Faure, até 1917, e da qual falamos até hoje.

Escola para aprender regras

A escola como um lugar inquestionável para educar crianças e jovens no capitalismo e no socialismo, leva adiante o projeto iluminista de combinar humanismo com tecnicismo, exercícios físicos e formação intelectual específica. Em ambos, está em jogo o engrandecimento do Homem, com a imponência de uma moral, ainda que por vezes esta se realize como nazismo, fascismo, socialismo ou democracia, glorificando o racismo acompanhado ou não de práticas de extermínio. A ufania nacional e transnacional demarca a conduta do Estado em cada criança e é o que a escola faz de maneira eficiente e eficaz. Sob as mais diversas formas de controlar, a escola forma a criança e o jovem com base numa moral e dando atenção aos elementos intelectuais (segundo a educação para *o que der e vier*[6]) e corporais (de acordo com a educação física). O que para a educação anarquista era formação para a transformação, sob a reforma da escola governamental obrigatória, democrática ou tradicional, isso se modificou em dispositivo de controle.

Desde pequeninas, as crianças aprendem a respeitar as professoras, a assimilar as mínimas regras, o respeito aos superiores; aprendem a apreciar a higiene como sinônimo de saúde, a respeitar o colega como parceiro e eventual concorrente, a notabilizar o seu uniforme – chame-se ele farda, vestuário específico, ou simplesmente um jeito extravagante, lastimável, simplório ou displicente de usar e vestir. Aprendem a constituir seus pequenos ou grandes círculos de amizade que poderão se estender pela vida adulta, valorizando a moral ou freqüentando tribunais, celas, prisões, ou até mesmo surpreendidos pela morte.

A escola forma, formata e propicia a formatura. A escola é o espaço para a introjeção da disciplina, dos exercícios da obediência, da preparação para a vida imobilizada, onde se aprende a aguardar a convocação para a participação, a omissão, a delação, o consentimento. A escola ensina a responder a comandos; nela, estão entre os melhores alunos os que desde muito cedo se dispuseram a permanecer imóveis, para desta maneira extraírem benefícios, empregos, cargos: as esperadas recompensas aos aduladores. Sobre os corpos destes alunos não recairão os castigos físicos, mas os efeitos das técnicas de absorção do medo; em lugar

---

[6] Sobre a escola na atualidade, e em especial os desdobramentos da *educação para o que der e vier*, proposta pelo primeiro Ministro da Educação do Brasil, Francisco Campos, na época do ditatorial Estado Novo, consultar Guilherme Corrêa, 2006.

do desacato e da rebeldia, a comprovação dos efeitos positivos da prevenção geral à sociedade: é seguindo regras e leis que se faz um bom cidadão. Mas bom cidadão para quem? Para ele mesmo?

Educar para regras móveis ou heterotopias de invenção

A educação anarquista volta-se para a liberdade, experimentações e maneiras de lidar com a criança e o jovem que os fortificam como pessoas autônomas, com capacidade de entendimento e decisão; valoriza a rebeldia, o oposto da escola socialista ou capitalista, autoritária ou democrática. Assim, a educação e a escola anarquistas voltam-se para a crítica com rompimento, transformação e irrupção de inventividades. A educação, nos termos de Proudhon, é guerreira; para Godwin, é revigoradora; segundo Stirner, é direta com os objetos; para Faure, é imaginativa: uma educação guerreira e inventiva voltada para o objeto sempre se revigora. Ela acontece no instante e convulsiona adultos e crianças. Se um fato revolucionário acontecer, este será somente mais um instante libertário; a revolução não é condição para a nova vida, esta já existe e acontece em cada associação; e cada associação é capaz de absorver desvios e escolhas.

As múltiplas pedagogias libertárias articulam as diversas maneiras da vida anarquista que vão da utopia da igualdade viabilizada pela revolução à vida libertária intensa e instantânea na associação. Assim, vivem e viveram tanto Godwin, Proudhon, Stirner, quanto o *Orfanato Prévost* e *La Ruche*, mas também esboços dessa vida nos falanstérios de Fourrier, na *Escuela Moderna* de Ferrer i Guàrdia, e também no interior da *Colônia Cecília*, do *Falanstério do Saí*, das *Escolas Modernas* no Brasil, nos ateneus e centros culturais, nos esboços de universidade popular. Maneiras de educar elaborando regras móveis, feitas para e com as pessoas envolvidas com a educação e mesmo escolas, em função da potência livre da vida da criança. Situação que poderíamos caracterizar, seguindo as sugestões de Michel Foucault (2001), próprias de uma heterotopia, experimentando-se subjetividades, éticas e estéticas próprias e que nos anarquistas se distinguem como heterotopia de invenção (Passetti, 2002; 2003, p. 32-55).[7]

Uma heterotopia é a realização de uma utopia num espaço específico; é a urgência de seu acontecimento, o que já é impossível aguardar, ruminar, elaborar no pensamento. Ela dá formas à impaciente liberdade; não é acabada ou semi-acabada como a utopia, a via pavimentada e lisa – como aludia Michel Foucault –, que, em vez de transformar a si e ao que interessa, acaba sempre pacificada pelo sonho, pela ilusão do futuro, pela transcendentalidade iluminista.

A heterotopia de invenção é um espaço anarquista de fronteira disforme, em que pessoas e associações elaboram subjetividades libertárias; em que se arruína a grande e a pequena moral, em favor da coexistência de éticas elaboradas por amigos que se voltam para a vida pública. Amigos que retomam a prática grega de atuar no espaço público, rebelando-se contra a condição da amizade colocada pelo cristianismo no âmbito das relações privadas entre pessoas que se identificam e ajudam (Passetti, 2003). Amigos que subvertem a fraternidade burguesa, traduzida em caridades e filantropias, e mesmo a anarquista, em que o sagrado repercute pelo avesso, com o nome de ajuda mútua e relações de afinidades, realizada entre pares em busca da superação das necessidades (Kropotkin, 1989).

É como heterotopia de invenção que tanto a educação, a escola, os ateneus e demais experimentações anarquistas podem ser acompanhadas, revistas, estudadas, modificadas, revigoradas. Espaços sem fronteiras definidas, espaços federativos de associações de livres, de pessoas únicas e inacabadas que se reúnem para levar adiante suas heterotopias libertárias, suas delicadezas e forças, levezas e asperezas, consigo, com os demais e principalmente com a sociedade.

---

[7] Sobre a invenção de uma contra-sociedade na revolução espanhola, ver Nildo Avelino, 2006.

As heterotopias de invenção são levadas adiante pelos únicos. Segundo Max Stirner, estes afirmam suas subjetividades em transformação, considerando a falência dos reformadores e das *idéias* de revisão da sociedade, seus poderes, controles, direções e expectativas. Os únicos atuam para a *morte da sociedade* e das reformas, em função da sua vida e das associações, de suas relações com uma miríade de associações livres, federadas ou isoladas. Sabem o tamanho da luta e dos combates com os conservadores e os progressistas da sociedade, incluindo aí vários anarquistas.

A federação de associações de únicos não comporta relações de afinidades, como defenderam por muito tempo os anarquistas, pois, no limite, essas relações são similares ao pluralismo democrático, em que se supõe, irreversivelmente, uma uniformidade entre os iguais. A heterotopia de invenção vai mais longe. Acolhe também as experimentações que levam à coexistência entre iguais-diferentes; iguais na condição de integrante da associação e diferentes enquanto únicos, inventores de subjetividades e de outras relações libertárias.

O único, do ponto de vista da experimentação, da formulação de regras móveis, de éticas e estéticas, aproximando-se ou não de outras associações, tem sua existência preservada, mesmo se preferir viver isoladamente. A vida do único acontece com perigo, risco, luta, intempestividades, paixões que não são pacificadas por razões, situações que não são formatadas nem apreendidas somente por conceitos, nem pelo sagrado religioso, nem racional, democrático, socialista ou mesmo anarquista.

O jogo entre oposições, entre protagonistas e antagonistas, dialéticas materialistas, pluralismos democráticos, jogo interminável do fazer e refazer das regras em um mundo em que nada é fixo, constante e imutável, é compartilhado também pelos anarquistas, servindo às suas utopias, e às suas maneiras de ser. Contudo, se nas heterotopias de invenção os anarquistas são únicos; nas utopias são comuns.

A escolarização planetária

A educação e a escola anarquistas sabiam lidar com a rebeldia e dela não prescindiam. A escola capitalista ou socialista, autoritária ou democrática aos poucos institucionalizou certas práticas anarquistas, como a educação integral, contemplando o físico, o intelectual e o moral, pelo avesso da revolta: a glória da obediência. Os anarquistas, mais do que adversários, são inimigos do sistema de castigos e recompensas, estimulam a formação do guerreiro, fulminam as imobilizações, sem esquecer que em qualquer insurreição existe a iminência do imprevisto. Para eles, não há uma lei determinista da história, mas a possibilidade de transformar-se e transformar a história.

Não se faz uso de uma técnica por ela mesma; a técnica supõe maneiras de uso e, portanto, não estabelece a produção de meios similares para fins diferentes. Os anarquistas sabem bem que meios libertários levam a fins libertários, e sempre evitaram a esperta aproximação proposta por Lênin, que pretendia identificar as finalidades de comunistas e anarquistas, com uso de meios diferentes. Os anarquistas sabiam que a direção da revolução marxista-leninista não tinha parentesco com a sua, nem antes, nem durante – incluindo os acontecimentos que levaram os bolchevistas a expulsarem os anarquistas na Ucrânia e a liderança de Nestor Mahkno –, mas sabiam que seu desenlace era como ditadura sobre o proletariado.

Os meios anarquistas para a educação e a revolução estão sintonizados com a finalidade igualitária e libertária da sociedade, com revoltas, e diferenciam-se das causalidades atribuídas pelos demais adversários (sociais-democratas, crentes na ação parlamentar) e inimigos (marxistas-leninistas). Sua moral se volta para a formação de uma pessoa livre, autônoma, incomodada, problematizadora e rebelde. Sua educação integral não se assemelha aos equipamentos sociais destinados por Estados ou instituições filantrópicas. Até mesmo a fraternidade anarquista não se assemelha à filantropia, assistencialismo, beneficência ou programas de atendimento social e inclusão, sejam eles democratas, neoliberais ou social-democratas.

A liberdade do anarquista não é a mesma do liberal; enquanto para estes ela se aninha às leis, às punições e aos direitos universais; nos anarquistas ela está nas experimentações que levam a dar forma à impaciente liberdade. Por isso mesmo, a liberdade é federativa e relacionada às práticas de direitos em torno da reciprocidade e de objetos.

A liberdade do anarquista não é a mesma do comunista, para quem somente a instituição de uma sociedade igualitária pelo governo do Estado nas mãos dos condutores da consciência emancipadora anunciará, no futuro, pelo planejamento da extinção do Estado, o reino da liberdade. Entre os anarquistas e comunistas há uma distinção radical. Enquanto estes últimos vêem o governo (ditadura do proletariado) das verdadeiras necessidades empurrando a massa para a liberdade, os anarquistas partem do oposto: é pela abolição do Estado que a vida libertária suprimirá as necessidades, ultrapassando a era da propriedade (estatal e privada) pela posse, pela anarquia.

Para liberais e comunistas a educação universal é decisiva. Para os liberais, é escolarizando na própria escola (em seminários, institutos, universidades) que se chega à conservação ou reformas aperfeiçoadoras da sociedade. Para os comunistas é com a escolarização, inclusive no interior do partido da revolução, que a disciplina revolucionária se sedimenta em cada um e com isso se obtém uma massa coerente e seguidora da direção em função da revolução. Na atual globalização capitalista, a escola ainda é o centro nervoso da formação de trabalhadores e cidadãos, mesmo que isso se faça de uma maneira cada vez mais descentralizada, informatizada e móvel.

Se na conduta anarquista ressoa certa religiosidade pelo avesso, isso decorre das condições em que o anarquismo se afirmou no combate ao clericalismo como expressão da educação burguesa no século 19, que excluía o povo do acesso à palavra lida e escrita (BAKUNIN, 2007, 2000). Hoje em dia, compreende-se como a oposição Deus-Lúcifer expressou, naquela ocasião, o confronto entre a exigência de obediência e a urgência de rebeldia, tanto quanto na atualidade, o domínio da religião na educação, na vida das pessoas e na moral é fundamental para a sobrevivência do capitalismo democrático globalizado e neoliberal.

Diante de tamanhos domínios, minimizados pelo anarco-cristianismo de Liev Tolstói, ou incorporados de maneira sutil pelo anarquista italiano Errico Malatesta (1999) – ao considerar que é no movimento que cada um se educa e que a anarquia não pode e nem deve impedir *a priori* que um religioso adentre ao movimento –, o anarquista sabe que é no interior das lutas e dos acontecimentos que cada um entenderá a religião e suas cobranças, como também, a anarquia e suas generosidades.

Diante da obediência e da imobilidade exigidas pela escola e das revoltas intrínsecas à educação anarquista, permanecem no interior da escola, as crianças e os jovens, cujas revoltas disformes assumem tanto os aspectos da indisciplina e da rebeldia, quanto o da implosão de si com suicídios e homicídios que resultam no *perdedor radical* (ENZENSBERGER, 2006).

Os indisciplinados e os perdedores radicais

A primeira reação da escola contra a criança e o jovem está em definir a linguagem: como falar, escrever, sentar, andar, ver, respeitar, seguir e/ou reformar as regras, normalizar-se. A escola faz parte da continuidade da família monogâmica, da religião que a habita, e funciona segundo um poder disciplinar que diz onde estar, calar, fazer, dizer e escutar. Há um lugar que antecede e define de onde vem a vida: é a família, onde há um poder soberano que atua sobre os corpos, seus movimentos, condutas e pensamentos e que se comunica com o Estado e a religião. Mas, uma criança ou jovem só existe sob o regime da norma e da lei, que a registra, classifica e exige dela obediência ao sistema. Seguindo o pai e a religião, submete-se, também, à escola e ao Estado. É o que propõe e espera da criança e do jovem, a relação família-religião-Estado-escola.

Na família, a desobediência é assimilada na educação tolerante de pais rumo à *boa educação*, no exercício do perdão e nas tresloucadas ações juvenis justificadas pela psicologia. Essa assimilação não prescinde de um modelar conjunto de punições e recompensas articulado e relacionado à ameaça do uso da força pelos superiores ou mais fortes, sobre os menores, as mulheres ou os mais fracos. Assim se constitui a educação pela introjeção de temores trazidos pelos fantasmas criados pelos adultos que tomam o corpo e o intelecto das crianças. Entretanto, quando prepondera o uso regular da força propriamente dita, são acionados dois processos: um reativo, de banimento ou abandono da criança ou do jovem pelos pais; outro ativo, de fuga da criança ou do jovem da família. No primeiro caso, pode até acontecer um processo de denúncia aos órgãos públicos que repercutirá em processo penal acoplado à defesa *dos direitos da criança e do adolescente*. No caso de resistência ativa, o destino é a rua e os surpreendentes percursos que vão da morte prematura, às infrações, aos internatos, à evasão escolar, à sorte de sobreviver entre ilegalidades. Na família monogâmica se aceita o jogo ficando em seu interior, ou dela se escapa, por fuga ou banimento; essa família modelar burguesa não tolera os efeitos das modulações que ocorrem nas famílias pobres e miseráveis. Então, o que dentro dela é aventura tresloucada, distúrbio psicológico, conduta esperada na formação de um futuro cidadão cumpridor de deveres; nas demais famílias é infração, perturbação, problema social, conduta esperada daqueles a quem falta formação familiar, religiosa e escolar; falta de educação e excesso de riscos. São os que a Psicologia, o Direito e os saberes das Humanidades em geral caracterizam como sujeitos perigosos.

Se na casa a criança ou o jovem desobedece aos pais, aos familiares e ao sagrado, o fazem atentando contra uma relação de soberania, contra o poder do superior. Na escola, a desobediência assume outra faceta. Ela não está mais atravessada pela amorosidade familiar, incluindo os perdões e as penitências, mas encontra-se no âmbito da amabilidade programada pelos professores e técnicos humanistas, como psicólogos, assistentes sociais e pedagogos, visando conter teimosias, obstinações, revoltas. Neste caso, a desobediência tem um nome: indisciplina.

Na escola, a indisciplina também recebe um tratamento tolerante, segundo o modelo disciplinar e suas modulações. Espera-se de crianças e jovens o aprendizado para a obediência, com apreensão dos conteúdos intelectuais e da respectiva formação físico-corporal. A escola estatal ampliou seu raio de ação em relação à sua velha disposição disciplinar que a governou por uma longa parte do século 20. Tornou-se tolerante em relação à captura de crianças e jovens, principalmente das classes mais baixas, oferecendo-lhes refeições, áreas de lazer pós-aula, amabilidades, atendimento psicológico e social, conexão com conselhos tutelares diante de problemas de violência doméstica, inclusão digital, e até, sob certas circunstâncias, a atuação em assembléias deliberativas, estimulando a participação na escola. Além dos conteúdos e da moral, essa escola procura entreter e ocupar crianças e jovens, levando-os a crer que compartilham as decisões da escola e que, com isso, estarão preparados para atuar no âmbito do governo do bairro, da prefeitura e do Estado.

A escola disciplinar foi ampliada com os diversos fluxos computo-informacionais abertos na sociedade de controle globalizada, contemplando a cada um com uma plétora de direitos e propiciando a inclusão da cultura popular de massa. Porém, a indisciplina ainda permanece como uma conduta inaceitável, cujo limite é a sanção praticada pela escola, pelo conselho tutelar e pela comunidade, chegando até mesmo a estimular a evasão do espaço escolar e comunitário (PASSETTI, 2007). O sistema de punições e recompensas se ampliou com uma nova e mais eficiente *linguagem* de normas e leis, tornando, com isso, menos nítida sua face temerosa, pelo estímulo à participação. Ao mesmo tempo, a situação é mais cruel. Ao levar a criança e o jovem a várias alternativas para a integração, trava com eles um combate inédito em que ao indisciplinado, por não caber mais na escola ou na comunidade, não restam meios e lugares para atingir o trabalho legal. A escola, em parceria com a comunidade, que surpreendentemente estigmatiza o indisciplinado como *sangue ruim*, delinqüente, marginal, vagabundo, folgado, entre tantos outros adjetivos pejorativos, abre a via para a sua inclusão no trabalho ilegal, disponibilizando-os como serviçais, *falcões*, *papagaios* e sicários.

Na indisciplina ainda se retém uma atitude de resistência ativa contra as normas, as regras, a impessoalidade e ao mesmo tempo às autoridades superiores, em parceria com muitos colegas e nas estranhas relações afetivas. Na escola, a indisciplina ainda atravessa e revira o campo da prevenção geral por meio do estudante que se recusa a permanecer aluno, que a ludibria, que inventa soluções de micropolíticas diante do cotidiano ensimesmado com a participação, direitos e cultura popular de massa. Faz da escola, por ela ser quase inevitável e obrigatória, um lugar de resistentes ao bom trabalhador participativo e ao bom cidadão pagador de impostos. Nela também procriam os resistentes às relações de trabalho, de lazer domesticado, de cultura midiática; os resistentes à família monogâmica, às religiosidades e aos fanatismos. A indisciplina coloca a subjetividade em transformação na criança combatendo a inexorabilidade da administração do espaço disciplinar, e faz da escola mais que um lugar de *futuros bandidos* ou esperados *policiais* e obedientes trabalhadores-cidadãos: a ocupa como espaço insurrecional heterotópico de jovens inopinados.

Há um outro lado, cada vez mais confuso, pouco nítido, mas surpreendentemente derivado da normalização das relações na escola, no qual não estão mais em jogo os atos indisciplinados contra a rotina e a estrutura, mas seus deslocamentos, sob a forma de ameaça física a professores, funcionários e colegas, ou até mesmo de execuções realizadas tanto por alunos pobres e miseráveis como por alunos procedentes de famílias mais abastadas.

O perdedor radical desaprendeu a lidar com rebeldias; é o ultraconservador *serial-killer*, quieto ou alheio, que se destaca por se tornar obscuro, soturno, sisudo, distante, apartado ou de pouquíssimas palavras. Um solitário. Mas, também, pode estar agrupado, visando aterrorizar, amordaçar, inibir e subjugar aos seus *próprios mandamentos*. É aquele que ninguém repara, ou dele se esquece, pouco importando se está ou não presente na sala de aula, nas dependências da escola; ou são aqueles de que ninguém quer lembrar. Ele é o obediente no limite do insuportável, quieto e alheio; ou o autoritário integrante de um grupo com suas lideranças que exigem obediência às suas imposições. É o que desistiu e decidiu se projetar pela morte, pela sua morte e de desconhecidos colegas; é o que vive para matar e morrer. É o efeito-limite do controle disciplinar atingindo também setores mais abastados da sociedade. O agrupado, por sua vez, vive pelas escolas governamentais esperando a morte chegar. Eles são perdedores radicais feitos de imobilidades, covardias, temores e autoritária sociabilidade que oscila entre o elogio à hierarquia e aos superiores transcendentais e a desvairada conduta em busca do imediato. Ambos refletem a obsessão, a doida busca por consumo e projeção instantânea. São os perdedores radicais da escola e da comunidade.

Variedade de fluxos

A escola combate os jovens rebeldes e seus inconstantes ataques à vida regrada e insuportável no interior das salas de aulas organizadas em carteiras enfileiradas, em que o aluno é controlado desde a *chamada* feita pelo professor, que o obriga a identificar-se, até a vigilância eletrônica com senhas, cartões e câmeras.

Reformas diversas recompuseram as disposições nos lugares da sala, as relações com os demais colegas e autoridades superiores, os intervalos de aulas, etc., em que o regime da administração, mais ou menos centralizado, reitera a hierarquia, seja pela sua composição com o domínio do conhecimento, ou pela captura de alunos para o exercício da vigilância dos pares, avaliação de professores, propostas de reformas conjuntas, participação e integração da *comunidade* na escola, com suas culturas e problemas.

De toda maneira, quer pela rigidez do exercício descendente do poder, quer pelas relações de poder ascendentes, mais ou menos descentralizadas, a escola permanece um lugar de produção de disciplinas e obediências às suas regras, à moral vigente, às formas de governo. Nela se ajustam diretores, professores, funcionários, alunos, pais e comunidade, segundo o exercício monopolista da educação escolar pelo Estado que programa e aplica os conteúdos e zela pela moral (PEREIRA, 2003). A escola produz os futuros trabalhadores, os governantes, os empresários, os cidadãos, o conjunto obediente e reformador, austero e conservador, ajustado e até revolucionário (desde que não proponha a abolição do Estado). Ela é a instituição destinada a dar conta do aluno quieto e do expansivo, do conformista e do rebelde, do morbígeno e do instigador. A escola é um lugar de controle constante, capaz, inclusive, de trazer para dentro dela os pais, os cidadãos e a comunidade. Ela cresceu e ampliou o sentido de educação como escolarização. Ela faz parte, e, ao mesmo tempo pretende liderar, ao lado da família e da religião, o processo contínuo de educação da criança e do jovem. Na sociedade de controle ela entra, também, em um amplo fluxo que ainda comporta as organizações não-governamentais, as várias parcerias público-privadas e um sistema de elites de direitos compensatórios que pretende governar o espaço da *comunidade*.

Neste fluxo, a escola democrática é a possibilidade da modulação adequada, dentro e fora do controle estatal. Ela passa a ser a referência da educação escolarizada continuada na formação intelectual (do berçário à universidade) e corporal (futebol, dança, natação, lutas marciais, atletismo, etc.), configurando a moral atual da eficiência, da competência, da regularidade institucionalizadora das regras democráticas balizadas pela convocação de cada um a participar.

A escolarização relaciona-se a múltiplas modulações consensuais que orquestram debates, diálogos e negociações dos conflitos, nas empresas, nas ONGs, nas comunidades, nas famílias. Ela institucionaliza outras maneiras democráticas de governar que vão da sociedade para o Estado e vice-versa; que ultrapassam a mera combinação entre democracia representativa e participativa no âmbito do Estado, para introduzir inovações necessárias e inesperadas para continuidade das práticas de governo (Foucault, 2007; Passetti, 2007).

É assim, no vaivém tenso e integrativo entre globalização e o movimento *por uma outra globalização*, que acontece a presença marcante da escola democrática, como vimos, a partir da *Internacional Democratic Education Conference* (IDEC), no mesmo fluxo em que funcionam economias laterais, defesas ecológicas, mídias independentes, inclusão digital. Caracteriza-se uma era das modulações do alternativo, ajustadas ao sistema de direitos compensatórios em que sobressaem ações afirmativas, relações diplomáticas, multiculturalismo, comunitarismo, conformando vários conjuntos de práticas que procuram inibir resistências.

As recompensas e punições não são abandonadas, pelo contrário, se tornam ardilosas, sorrateiras e sustentam um enorme fluxo de condutas criminalizáveis. Os que podem, ou conseguem, participar dos incessantes fluxos de convocações, que prometem alegria, consumo, poder e felicidade, precisam estar constantemente energizados. A sociedade de controle, do governo da escola ao governo do Estado, modula as instituições em função da extração de energias de cada corpo, de cada inteligência, até levar à condição de *stress* e a de medicalização, desde o frágil corpo moldado da criança até o restaurado esqueleto ressecado da velha. A sociedade de controle exige respostas rápidas, joviais e concisas a quem aspira uma ininterrupta participação.

Mesmo diante desse preenchimento quase completo da inteligência e da regulação da movimentação dos corpos, forçosamente joviais, controlados por dispositivos eletrônicos e bioquímicos de vigilância e expostos a uma incomensurável solidão, fluxos libertários permanecem e se ampliam, fazendo não só da escola, dos ateneus e das associações libertárias de múltiplos matizes espaços de heterotopias de invenção.

A educação dos anarquistas não caminha em linha reta; provoca a descoberta de outros percursos, atiça coexistências, inova, gera outros fluxos e outras possibilidades, que levam ao combate direto na fronteira entre a derradeira reforma da sociedade e a *morte da sociedade*.

| Capítulo V

Anarquizar a vida

Em seu opúsculo *O que são as luzes?*, Immanuel Kant define o Iluminismo como a *saída* do homem de um estado de menoridade para o de maioridade. Essa saída consiste em abandonar a disposição em servir a outrem para fazer uso da própria razão, o que não se traduz como um abandono da crença na autoridade, mas apenas que o uso da razão deva ser livre. Tal concepção aponta para o uso público da razão autônoma como condição para governar e obedecer melhor. O homem moderno é livre, autônomo e nivelado a partir da lei universal. Ele obedece por um ato de reflexão, pelo uso de sua razão e não pela submissão cega a um superior fantasmagórico ou real.

Foucault observa que essa definição de Iluminismo não consiste em uma delimitação histórica deste acontecimento, mas em uma atitude que se deve tomar em relação ao uso da razão. Uma atitude que nos empurra ao limite, à fronteira do pensamento. Dessa maneira, toma-se o Iluminismo não como uma corrente filosófica ou período histórico, mas como uma "atitude de modernidade" de sair da condição de submissão. Se no século XVIII isso significava romper com a teologia, em favor da obediência à razão universal, como seria uma atitude moderna, iluminista e livre na atualidade? (Foucault, 2005).

O anarquista, ao se relacionar com a educação de maneira crítica, levando ao limite a concepção moderna de indivíduo livre e autônomo e o exercício do entendimento, expande suas práticas na busca de uma sociedade livre, igualitária e sem encarceramentos ou instituições austeras. Tais práticas, ao se depararem com as prisões e a seletividade do sistema penal, apontam tanto para crítica elaborada por Kropotkin (1887; Luizzetto, 1987), que desemboca em uma utópica sociedade sem prisões que não prescinde de um certo tratamento asilar, quanto para a proliferação de associações anarquistas que se dedicam exclusivamente à questão prisional e ao apoio de presos anarquistas.[1]

O radicalismo das práticas anarquistas relativas à abolição do Estado é coerente com as práticas que consideram a possibilidade imediata da abolição das prisões. Os anarquistas deflagram o embate direto contra o sistema penal em seus jornais e panfletos, em suas *ações diretas*, no empenho em libertar ou vingar companheiros e na elaboração de uma sociedade livre de prisões e quaisquer outros encarceramentos, punições e recompensas.

Prisões e escolas: um estranho parentesco

Prisão e escola são instituições da modernidade. A escola foi criada para disciplinar a criança, para torná-la um bom trabalhador e um bom cidadão; a prisão (para jovens e adultos) apareceu, quase ao mesmo tempo, para corrigir os desviados, ressocializá-los, integrá-los sob o espírito da nova chance, da introjeção dos valores perdidos ou desconhecidos.

A prisão, desde o século 19, inaugura o lugar de efetivação de uma economia política da pena, em que se elabora um cálculo supostamente objetivo, segundo as circunstâncias históricas em que ocorrem as lutas sociais. As condutas consideradas anti-sociais e que ferem a sociedade, com suas leis e ordem, de acordo uma gravidade infracional determinada, é designada crime pelo direito penal. O sistema penal, formado pelo direito penal, instituições

---

[1] A associação anarquista dedicada à questão prisional e de maior repercussão foi criada na Rússia, em 1905, com o nome de Cruz Negra Anarquista. Em pouco tempo sua atuação se expandiu pela Europa e depois pelos EUA até chegar ao Brasil. Cf. Acácio Augusto, 2006.

de justiça e encarceramentos, proclama-se responsável por aplicar e administrar racionalmente as punições, afastando o homem moderno das bárbaras vinganças praticadas no espetáculo público do suplício e do duelo até aquele momento (FOUCAULT, 1977).

A prisão assume o lugar da escola e reconhece a sua falha. Escola e prisão são, portanto, instituições que se comunicam, com características arquitetônicas semelhantes, grades, vigias, salas contíguas e geminadas, corredores que facilitam inspeção e controle, proximidades, isolamentos, reuniões temporárias em pátios. Esse estranho parentesco quanto ao uso do espaço, o domínio das disciplinas e a aplicação do sistema de recompensas e punições não exige um especialista para ser desvendado.

A escola universal foi a aposta do Iluminismo no conhecimento e no desenvolvimento pessoal; a prisão foi criada para os que se desviaram desse ideal, e que a sociedade acusa de delinqüentes, anormais, larápios, trapaceiros, vagabundos, escroques, trombadinhas, arruaceiros, perigosos, subversivos, etc. É assim que a prisão acumula o insuportável que a escola não foi capaz de conter por meio de um processo de uniformização, imobilismos e amabilidades. É assim que a prisão se afirma como um lugar insuportável, a imagem do terror para cada pessoa livre da sociedade, sabedora que dentro dela só há vida por meio de corrupções, intimidações, assujeitamentos, torturas e destruição de corpos e mentes.

Dos que vão parar na prisão exige-se docilidade, o que requer, também, uniformidade e imobilismo para que se tornem, além de úteis – servindo como alcagüetes, futuros policiais e informantes –, pessoas que aos poucos comecem a se parecer novamente com uma criança disciplinada. Nesse ponto, os indivíduos internados na prisão, assim como nos asilos, nos hospícios, nos orfanatos, nos recolhimentos provisórios, nos campos de concentração e de extermínio, são imediatamente infantilizados e dispostos conforme as normas, os procedimentos ríspidos das equipes técnicas, porém, repletos de práticas ilegais, desvios e arrogâncias renováveis e próprias das instituições austeras. Estas compõem um estranho arquipélago carcerário que recolhe o que, em um certo momento, foi insuportável para sociedade e, como esse intolerável varia segundo as circunstâncias históricas, na fronteira com esse arquipélago encontra-se um enorme continente de leis, controles, razões e, também habitado por fantasmas, demônios e titãs, sob a ameaça de um terremoto iminente.

Anarquistas e abolicionistas penais

A aposta anarquista no fim do regime das penas e dos encarceramentos vem desde Godwin, com a crítica ao regime de punições e recompensas, passando por Stirner acrescentando a crítica ao direito penal, Poudhon, em seu ataque ao regime da propriedade, até as incursões de jovens anarco-terroristas no final do século 19 (MAITRON, 2005).[2]

Mais recentemente, esse ataque ao sistema penal iniciado pelos anarquistas encontrou ressonâncias nas práticas do abolicionismo penal (PASSETTI, 2003). Trata-se de uma atitude que pode ser tomada por pessoas envolvidas diretamente com o sistema penal, como os funcionários da justiça, os técnicos e as pessoas enredadas em alguma situação problema; é também uma atitude esperada de intelectuais que se recusam a alimentar a linguagem do sistema penal com pesquisas reformadoras, gerando a continuidade das punições mais ou menos severas, e fazendo vista grossa para o fato de que não há sistema penal que não aplique o dispositivo da seletividade em seu funcionamento; uma seletividade voltada, preferencialmente, para pobres, miseráveis e subversivos (HULSMAN, 2003, 2002; CHRISTIE, 1998; PASSETTI, 2003).

Essa maneira de abordar a justiça inicia-se na Europa, entre as décadas de 1960 e 1970, entre estudiosos do Direito. No que concerne às liberdades individuais, os abolicionistas alertam para o seqüestro pela justiça criminal da vontade das pessoas em uma situação-problema, impossibilitando uma solução satisfatória aos envolvidos.

---

[2] Ver, também, a respeito dos embates anarquistas, Acácio Augusto, 2006; 2007.

Todavia, o abolicionismo penal rejeita os condutores, os mediadores, os diretores de consciência. Partindo da defesa dos interesses das pessoas, ele ataca o sistema penal, o julgamento dos conflitos, e propõe a abolição da prisão e do sistema penal como possibilidade real e imediata.

O abolicionismo penal não se restringe à crítica e ao ataque ao sistema penal, ele se dedica a mostrar, também, que uma sociedade sem penas já existe. Ela decorre das decisões consensuais obtidas entre as partes envolvidas numa situação-problema e que prescindem tanto da lei universal, pois são sabedores de que ela responde a interesses particulares, como do espetáculo grandiloqüente do tribunal e das encenações macabras nas delegacias. A sociedade sem penas dos abolicionistas penais não se confunde com o círculo de aço da corrupção na sociedade capitalista ou socialista aninhadas no Estado (PASSETTI, 2006).

Para Louk Hulsman, a abolição do sistema penal pode acontecer agora e ser realizada por qualquer um. Trata-se de algo que se experimenta em si próprio; abolir o sistema de punições e recompensas faz bem à saúde. Assim como a escola e a prisão mantêm um estranho parentesco repressivo, abolicionismo penal e educação anarquista estabelecem uma relação de potencialização da liberdade (OLIVEIRA, 2007).

Ambos visam desescolarizar e convidam os corajosos a saírem do imobilismo demarcado por escola, prisão, tribunal, polícia e pela encenação da liberdade negativa como resultante da lei universal.

Abolir a escola

A obrigatoriedade da freqüência escolar, o controle legislativo e de conteúdos programáticos pelo Estado, somados à intensa vida contemporânea, que ampliou a existência das escolas e abrigos – no passado, restritos aos orfanatos e creches, públicas ou privadas, designadas aos filhos de operários –, fez com que os equipamentos sociais acoplados à escola se ampliassem e multiplicassem.

A criança escolarizada não é mais destinada à alfabetização a partir dos 6 ou 7 anos. Desde bebê seus pais buscam espaços que possam dela cuidar, com alimentação, asseio, amabilidades e iniciá-las em informações. Antes e ao lado da escola *normal* de alfabetização, outras escolas também apareceram para complementar a ocupação diária da criança, segundo os recursos socioeconômicos dos pais. A criança foi introduzida em outros idiomas, em ginásticas condizentes com a idade, ampliando a convivência para a boa educação e obtendo o apoio de psicólogos e psicopedagogos no acompanhamento de sua esperada formação sadia.

A família e a religião encontram múltiplas possibilidades na educação escolar ampliada. Da mesma maneira, e para conter e corrigir os *infratores*, a sociedade cria instituições de recolhimento com atendimentos bio-psico-sociais ou programas de inclusão. Na dimensão atual da vida em que o trabalho é potência em fluxo, há uma atenção redobrada às crianças, exigindo a adequação da escola e da prisão à educação dos normais e dos desviados. Se na sociedade disciplinar a prisão para jovens era o destino dos infratores, na sociedade atual, os regimes de controle a céu aberto – com penas alternativas, como medidas socioeducativas de liberdade assistida, semi-liberdade, serviços prestados à comunidade, entre outros – funcionam acopladas à prisão, ampliando o sistema de castigos e recompensas com as práticas de inclusão dentro e fora da escola.[3]

Na sociedade de controle, há escola em qualquer lugar e para todas as atividades. Ela se revitaliza pelos dispositivos eletrônicos para informar, formar, formatar. Não há mais a preocupação disciplinar no interior do espaço esquadrinhado e vigiado. A educação se realiza, agora, de maneira contínua em qualquer ambiente, com quaisquer equipamentos, procurando imprimir, mais uma vez, o imobilismo nas crianças, não pela ortopedia corporal, mas pelo cansaço físico e mental, por uma infinidade de atividades que ocupem corpo e

---

[3] Sobre o regime de controle a céu aberto para crianças e jovens, Thiago Souza Santos, 2006.

mente, preenchendo os espaços de comunicação, obstruindo a emergência da revolta. A mudança institucional não substitui castigos e recompensas, a eles acrescenta a administração de condutas pela medicalização, caracterizando a normalização do normal.

A introdução das maneiras computo-informacionais de trabalhar, educar e viver o lazer, também gera outros estilos de resistências que se somam à desobediência familiar e à indisciplina escolar, que colocavam no centro das controvérsias posicionamentos e contraposicionamentos estabelecidos entre as partes em luta.

Diante da obrigatoriedade da escola oficial tomada como normalidade, da disseminação de escolas e equipamentos escolares, da crença nos direitos das crianças e *adolescentes* administrados pelo Estado,[4] não será estranho a reaparição da prática anarquista da desescolarização ou novas invenções de liberdades. Diante da estratégia dos anarquistas do final do século 19 e início do 20 de buscar uma escola para formar e informar libertariamente suas crianças, e da qual emergiram tanto as *Escuelas Modernas*, da Espanha, como a *La Ruche*, na França, como complementos indispensáveis à educação para a revolução defendida por Bakunin e Kropotkin, qual a pertinência do debate sobre a existência das escolas anarquistas e seus métodos? Diante de uma realidade em que as escolas democráticas ganham cada vez mais espaço na dinâmica da educação em fluxos, como prestação de serviços aos pais, às empresas, ao Estado, como pensar e exercitar a escola anarquista fora do âmbito das resistências por posicionamentos? Teriam elas sido absorvidas nesse novo, intenso e incessante fluxo educativo-escolar?

A educação libertária pode atravessar escolas e universidades, suas próprias associações, os espaços contornados e incontornáveis da produção computo-informacional.

---

[4] No Brasil, ver Estatuto da Criança e do Adolescente, lei 8.069, de 13 de julho de 1990: http://www.planalto.gov.br/ccivil/LEIS/L8069.htm/.

Ela mostra a atualidade do anarquismo, não mais pela crítica ao Estado, ao totalitarismo socialista ou à ardilosa democracia burguesa, mas pela sua inventividade em lidar com a superação das relações de poder e de afirmar potências de liberdade ao possibilitar o inesperado e a emergência do extraordinário.

Abolir a escola não é meramente destruir seu espaço físico. Ela deixou de ser o lugar delimitado ou variado, para travestir-se, também, em *programas*, na era do silício e de sua ultrapassagem. Sob estas circunstâncias, a *demolição* anarquista permanece associada à invenção de novas práticas abertas e ainda pouco conhecidas, mas que retomam a abolição do castigo e de seus correlatos terminais: a prisão e o medo do encarceramento.

O abolicionismo penal passa a ser uma prática integrante não só de um fluxo de resistências, pois como tal pode ser tomado até mesmo como redimensionamento da utopia da *sociedade igualitária* (CHRISTIE, 2004), mas um componente da invenção de associações livres de escola e de prisão. Como tal é uma heterotopia, uma linha de fuga em direção à vida durante a morte da sociedade – sociedade que não se conforma mais somente à Terra e se expande pelo espaço sideral; por isso mesmo, não é mais aquela sociedade entendida como noção relativa à união de pessoas no planeta.

O mundo mudou mesmo. Ficou pequeno, *acessável* e *deletável*. Intenso, ele provoca outras linguagens como a abolição da escola, das punições e das recompensas, do tribunal, do direito universal a poucos e dos deveres específicos aos demais. Se no passado a sociedade investiu em normalizar os desviantes, diante de tanto ineditismo sideral, a sociedade de controle precisa, requer e convoca a normalizar o normal. Aos anarquistas cabe inventar vida neste funeral.

Desescolarização

O anarquista é um guerreiro, um contestador, um inventor de existências. Suas práticas de demolição estão voltadas para abolir instituições hierárquicas, com suas impessoalidades e transcendentalidades, suas pessoas uniformizadas, alternativas, controladoras e, também, os fantasmas que gravitam em torno desses espaços.

A anarquia é uma prática de liberdade que apareceu na sociedade disciplinar, na qual idéias e ideais encontravam-se dispostos por posicionamentos. A esse imperativo da ordem, a anarquia respondeu, a partir do século 19, com um contraposicionamento radical.

Os anarquistas desacreditaram da impessoalidade da razão moderna, sustentáculo do capitalismo e da sua expansão. Sabiam que essa razão moderna centrada no homem não deixava de acomodar uma variedade de velhas e novas religiões ao lado de um sistema de direitos que se proclamava universal e que renovava o privilégio aristocrático incorporado no direito burguês. Para os anarquistas, o corolário disso tudo se chamava crença na democracia como maneira de alcançar em definitivo a liberdade, a autonomia e a continuidade da humanidade. Todavia, essa democracia burguesa jamais levaria à sociedade igualitária e também jamais deixaria de relevar ditaduras e genocídios.

Eles também recusavam outros contraposicionamentos, principalmente o socialismo científico, por pretender elevar ao máximo a razão econômica da produtividade pelo planejamento, com o advento da propriedade socialista nas mãos do Estado, dirigido por uma ditadura do proletariado, com a função moral de regenerar a sociedade dividida em classes antagônicas, complementares e contraditórias.

O contraposicionamento anarquista era radical no sentido de abolir o Estado em favor das federações; em abolir a propriedade (fosse ela capitalista, estatal, socialista, mista) em favor da posse; em abolir o sistema de direitos universais por um regime de direitos igualitários em função de um objeto, envolvendo reciprocidades entre as partes e considerando o que é oneroso a cada um. Tratava-se de um direito sinalagmático e comutativo, defendido por Proudhon desde seus primeiros escritos, e acordado por meio de contrato objetivo e direto, contemplando o que cada parte poderia ceder.

O contraposicionamento anarquista suspeitava da revolução social dirigida por uma vanguarda; duvidava dessa elite esclarecida que pensava ter *descoberto* a lei da história, que indicava a finalidade igualitária por meio da direção do partido da revolução; constatava que ela comandaria a nova classe dominante dos burocratas *revolucionários* do socialismo, com seus direitos, repressões, polícias secretas, lucratividades, ilegalismos, exércitos, guerras e genocídios.

Os anarquistas explicitaram como tanto esclarecimento deslustrou a vida livre e autônoma, em função de uma nova vestimenta trazida para a representação. O partido da revolução nunca deixou de ser uma instituição de representação em que cada indivíduo livre abdica de sua vontade em favor de um representante, que faz do Estado um lugar de luta por interesses específicos e pelo controle de empregos no governo. O anarquista não aceita a eleição democrática por ver em sua prática rotineira a reposição dos mesmos valores, das mesmas dominações, sejam elas mais ou menos violentas.

O anarquista sabe o que significa habitar o parlamento e o aparelho de Estado, com qualquer ideologia. Em termos modernos, isso *representava* controlar a educação de crianças e jovens para formá-los de maneira conveniente a uma moral flexível ou rígida, conservadora ou progressista, ou até mesmo *revolucionária*, em que eles deviam se ajustar ao ciclo de obediências. Ele sabe que o monopólio da educação é uma maneira eficiente e eficaz de educar gerações para um determinado fim democrático ou socialista. E, por sabê-lo, inventou práticas de escolas fora do controle do Estado, quando era urgente alfabetizar e informar minimamente os filhos de trabalhadores para conhecerem a ordem da lei, da palavra escrita e dos ordenamentos normativos da sociedade capitalista disciplinar, e para dela se desvencilharem.

A educação, para os anarquistas, é sempre um ato insurrecional e desescolarizador, que potencializa a vontade e a liberdade do indivíduo, a recusa à representação e aos representantes, e afirma mais uma entre tantas práticas de *ação direta*. O anarquista se contraposiciona como um inimigo do capitalismo e do socialismo autoritário, por notar que ambos não abrem mão da propriedade e da representação, e que a disciplina se ajusta a essas duas maneiras de produzir e governar coisas e gentes.

Sabe-se que os anarquistas não formam uma homogeneidade e que muitos deles acreditaram num certo *anarquismo científico*, que Piotr Kropotkin elaborou influenciado pelo cientificismo e pelas teses econômicas marxistas, anteriormente absorvidas na obra de Bakunin, em oposição ao socialismo científico de Marx (KROPOTKIN, 1925). Há, também, outras disputas sobre a *verdadeira disciplina*, aquela voltada para a libertação, essencial ao revolucionário, e com parentesco com a conduta partidário-revolucionária que compreende um estrito fluxo que vai de Nietcháiev ao plataformismo do *Dielo Trouda* (NIETCHÁIEV, 2007).[5] Contudo, nosso interesse é o de sublinhar o rompimento disciplinar por duas simples razões: na atualidade, a sociedade disciplinar cede espaço para a de controle e a tese da verdadeira disciplina para a vertente da igualdade social se mostrou ultrapassada e também autoritária.

No passado, o anarquista queria reformar a sociedade convulsionando-a no dia-a-dia, pela vida das associações livres e federadas, experimentando maneiras de se educar e educar crianças e jovens em função da liberdade, da igualdade e do fim da obediência ao superior. A vida anarquista não aguardava um futuro para acontecer; não dependia dos esclarecidos homens e mulheres letrados e versados, mas de exercitar liberdades, e era essa prática que tornava a existência livre. Para os anarquistas, a luta contra a autoridade instituída que era ao mesmo tempo potencializadora da liberdade instituinte deve ser compreendida, hoje em dia, como *ação direta*, abrangendo desde a educação de crianças e inovadoras relações amorosas – passando por sabotagens, greves, passeatas, ajudas-mútuas, formação de associações de trabalhadores e autogestão –, até as insurreições.

---

[5] Sobre a Plataforma Organizacional ver: http://www.geocities.com/projetoperiferia3/plataforma.pdf/.

Muitos libertários, e diversos comentaristas, afirmaram que os anarquistas não eram teóricos, por valorizarem as práticas e abominarem escolas e universidades. De fato, se qualquer um de nós vivesse no século 19 e em boa parte do século 20, com mínimo discernimento sobre escolarização, jamais aceitaríamos a escola e a universidade com suas filosofias, teorias, ciências, humanidades voltadas para a conservação ou para as reformas da ordem.

No passado, os anarquistas inventaram suas práticas em escolas e ousaram propor universidades livres, elaborando contra-instituições, em função de uma revolução moral e universal, sem abrir mão de um pensamento próprio. Os anarquistas, mesmo sem formar um conjunto homogêneo, não estão adornados pela relação teoria-prática. Muitos, como Proudhon, seguiram uma dialética que abominava tanto a síntese hegeliana, quanto o absoluto alcançável pelo governo da Idéia kantiana. Eles preferiram um método inacabado como a realidade, repleta de forças em luta, produzindo surpreendentes acontecimentos, e se desinteressaram por teorias disso ou daquilo. Voltaram suas atenções para análises da história das forças em luta no presente, porque era dessa maneira que passavam a dispor do conhecimento científico, livre do poder dos cientistas, da possibilidade de filosofar sem o professor de filosofia, de revolucionar sem o condutor de consciência. Era assim que viviam em função da liberdade e afirmação das associações, mesmo, por vezes, resvalando no determinismo revolucionário de Bakunin e no teórico anarquismo científico de Kropotkin.

Eles se contraposicionavam, enfim, diante da teoria armada por uma filosofia da contemplação, fosse ela gerada pela razão ou pela religião. Suas práticas as atacavam e por isso mesmo, a diversidade anarquista oscilava entre a elaboração de novas teorias ajustadas às práticas revolucionárias e as análises de atuações libertárias. No campo específico da relação teoria-prática, os anarquistas acabaram derrotados mais de uma vez (da Revolução Russa à Revolução Espanhola) pelo poder de ciência, mobilização e coalizão do materialismo histórico e dialético. Entretanto, no campo das análises libertárias eles disseminaram a experimentação das práticas associativas federadas. Os anarquistas por não se dividirem por fronteiras rígidas entre isso e aquilo, por diversas vezes, realizaram profícuos debates por estas diferenças, principalmente os estabelecidos, no começo do século 20, entre o cientificismo defendido por Piotr Kropotkin e o voluntarismo estimulado por Errico Malatesta (2002).

Hoje em dia, numa sociedade de controle, onde está a atualidade do anarquismo? Em propor uma escola *alternativa*? Vimos que o Estado e as descentralizações democráticas fazem isso acontecer sem alterar os dispositivos de obediência, mas flexibilizando-os. É possível uma universidade *anarquista* ou popular? Os anarquistas sabem também que a universidade se *democratizou* em unidades estatais e privadas, em função do ajustamento às exigências da realidade que fizeram dela somente mais um componente no fluxo contínuo da educação escolarizada. Então, numa sociedade de controle que não funciona mais por vigilância descontínua em espaços fechados, mas por controle contínuo a céu aberto, qual a pertinência e o arrojo da educação anarquista?

Governo e verdade

As lutas anarquistas na sociedade disciplinar enfrentavam autoridades e suas hierarquias. O governo, para Proudhon, como vimos anteriormente, designava comandos, travava combates com práticas compostas desde a redução de poderes centralizados até a ausência de governo, ou, como prefeream os anarquistas, realização da vida ácrata: as práticas e o pensamento se encontravam por meio da análise na criação da vida livre.

Hoje, as lutas anarquistas se dão no interior de outra situação de combate em que está em questão participar e não mais resistir. A luta contra a autoridade não cessou – porque as hierarquias permanecem, ainda que com menor rigidez –, mas se deslocou. As escolas na atualidade – após sofrerem uma série de ataques contra suas práticas autoritárias, iniciadas pelos anarquistas, incluindo suas experimentações de contra-escolas, ampliada pelas críticas dos democratas e suas reformistas propostas pedagógicas, e pela crítica dos marxistas em função da libertação de oprimidos –, encontram uma nova maneira de se ajustar aos novos tempos por meio da flexibilização das relações de autoridade em favor da continuidade do controle e do governo.

A escola estatal, privada ou mesmo confessional acabam descentralizando a autoridade para manter a centralidade de poder, por meio de redimensionamento do espaço disciplinar, antes organizado em fileiras e agora ocupado por círculos, semi-círculos, rodas de grupos, bancadas de assembléias, maneiras mais ou menos móveis de dispor os alunos na sala, mas que não alteram a autoridade central do professor. Este vem não mais só com a formação técnica e específica, seja do magistério, seja da pedagogia, mas também informado e politizado pelas práticas históricas de libertação. A flexibilização começa com este novo professor na sala de aula e se expande pelo território da escola e seu entorno com a comunidade, e que também leva à desterritorialização da escola, por passar a ser um espaço ocupado para outras práticas locais da comunidade.

Todavia, a desterritorialização do espaço da escola também ocorre pela expansão do olhar panóptico da arquitetura para o fluxo eletrônico. O olhar de vigilância das câmeras de monitoramento é controlado por um desconhecido, em um lugar especialmente construído para atender à finalidade de espiar em nome da garantia de segurança, seja uma sala ou um microdispositivo eletrônico. Esse equipamento de controle transformou o bedel de corredor em polícia eletrônica, trabalhando para o *bem* da direção, dos professores, dos funcionários, dos alunos, dos pais, da comunidade...

A escola é participação de todos com policiamento eletrônico por meio de descentralização administrativa e de decisões: a escola se democratizou e ampliou sua própria polícia. Ela trouxe a comunidade para dentro. Antes, não suportava o indisciplinado e o dispensava. Agora – ao buscar empreendedores, estimular criatividades, atrair segmentos de cultura popular de massa, propiciar outras atividades de corpo e intelecto, como oficinas de artesanato, cursos extracurriculares, dança e ginástica, canto, inteirar-se dos problemas da comunidade e integrar-se em soluções e compromissos, estimular a responsabilidade em cada um, fomentar valores de cidadania –, ela o acolhe para participar na criação de uma nova escola.

Esta não é mais uma escola onde se entra e sai como aluno. Ela passou a ser uma escola que habita cada um, cada aluno, trabalhador, cidadão, desempregado, articulador, líder comunitário... Esta escola ensina a policiar, educar, debater, olhar para os problemas de si e do local em que se habita, organizar-se para atuar na política, solucionar conflitos, enfim, insere-se nas múltiplas maneiras de governar para capturar resistências, policiar o andamento da vida e implementar uma cultura democrática que vai da casa até o Estado.

A escola, neste fluxo, desempenha um papel catalisador, principalmente porque objetiva acabar com vacúolos, com resistências ativas, isto é, contestadoras, demolidoras, liberadoras. Ela foi a primeira das instituições disciplinares a propiciar a reforma do governo educacional para restaurar o controle.

A escola também passou a ser um laboratório de representações voltadas para a participação democrática. Tudo o que a associação anarquista propiciou no passado como experimentação – escola, lazer, festa, teatro, dança, música, política, debates, palestras, organização para a greve e passeatas, cursos, vida comum... –, agora, a escola, e muitas vezes as organizações não-governamentais o fazem agindo em favelas e periferias, incorporando-as como práticas institucionalizadas de controle de movimentos (de indivíduo, pessoas e grupos), propiciando um alargamento de fronteiras e ampliando seu raio de influências no governo.

A escola se transformou na parte vibrante da permanência voluntária de pessoas e de eventuais contestações no interior da periferia, dessa *amada periferia*, governada pelos seus próprios habitantes, dilatando a cultura democrática em favor da dominação pelos poderes centralizados de governo. A escola é o catalisador de centralidades de poder das periferias, conformando-as como novos campos de concentração (Passetti, 2003, 2006, 2007).

Godwin, Stirner e Proudhon, no século 19, mostraram os efeitos da educação nacional na domesticação do indivíduo livre, em função do Estado, contra os quais os anarquistas se insurgiram, criando suas contra-escolas, contra-educações, contraposicionamentos. Na sociedade de controle se abrem múltiplas possibilidades a cada um, ao mesmo tempo em que se cerca e policia cada um, até que cada um descobre que deve participar, responder às convocações, sair da condição de domesticado para a de certificado e notificado. Ele deve permanecer atento aos acontecimentos, disponível a compartilhar o governo da escola, do local, da comunidade, para se sentir democrata, atuante, cidadão, integrado e dando sentido para a sua antiga indisciplina.

Na sociedade de controle, pouco importa a desobediência à autoridade familiar, atitude que no passado levava o jovem à revolta contra o poder soberano na família. Hoje em dia, por meio da pletora de direitos compensatórios, que inclui a gestão da boa educação na família, os pais não têm mais garantias de pátrio poder. A preservação da criança e do jovem passa a estar sob o governo dos direitos, dos Conselhos Tutelares, das vigilâncias escolares e no interior da comunidade. Assiste-se ao fim da última expressão do poder soberano na sociedade. Com isso, o antigo exercício da autoridade austera da família que mobilizava o jovem para a revolta, como mostrara Oscar Wilde, praticamente se diluiu no amontoado de direitos que governam com astúcia quase todos os instantes da vida de cada um, objetivando não mais domesticar, mas mostrar condições de acolhimento, pacificando o combate direto com a autoridade.

Na sociedade de controle não importa mais a indisciplina em si, desde que aproveitada como potencial criativo de seu portador na elaboração, reforma e restauração das normas. Não é preciso mais seguir a regra impessoal do estatuto normalizador. Cada uma delas agora está diretamente vinculada a vários proponentes e expressa o efeito do debate, das acaloradas discussões até a formulação da decisão em regra que norteia a conduta no interior do governo democrático das leis. Cada um sabe por que segue e aprecia seguir a lei, por que é responsável, na escola, na comunidade, no local, na cidade, no país e no planeta, atendendo ao que se espera dele (ou dela) para a continuidade e eventual reforma da ordem estabelecida.

Na sociedade disciplinar, se almejava a docilidade política; na sociedade de controle, se aspira à participação com responsabilidade. Outrora, era preciso resistir para encontrar uma possibilidade de ter sua vontade realizada; agora, basta entrar no jogo das regras democráticas. Antes, podia haver resistências ativas (como a dos anarquistas) e reativas (como as dos fascistas). Hoje em dia, a crença na democracia também pretende apagar gradativamente o fascismo, os tiranos e transformar a democracia na derradeira utopia capitalista planetária.

Não havendo mais a preponderância do poder disciplinar, a indisciplina na escola se redimensionou em componente aproveitável de uma conduta até então reprovável. Espera-se do indisciplinado discernimento de seus atos, ações, condutas e que reconheça a sua importância e a dos demais para a comunidade. Ao cometer uma indisciplina, como aluno, cidadão ou trabalhador (ocupado ou desocupado), ele deve ser capaz de realizar por si, ou com a ajuda de um pastor, o exame de sua consciência, procurando alcançar uma melhoria espiritual e material para si e para os demais (na escola, na empresa, no partido, no sindicato, na organização, no grupo, na comunidade).

A indisciplina, no passado, era determinada por um agente externo que aplicava a regra sobre o aluno, o operário, o escriturário, o subalterno imediato. Sua positividade estava em formar o corpo dócil e produtivo. Na sociedade de controle, ela se encontra na dissolução do dentro/fora que fortalece, simultaneamente, o seu lado policial e a instituição polícia: ele vigia a si e aos demais, zela pelas regras, denuncia violadores da normalização, recomenda normalizar os normais, reage com surpreendente força em função da lei, da norma e da conduta, pratica ou se omite diante da tortura, porque vê nesta ação um quê de justiça ainda não contemplada, e cujo limite é o homicídio; de repente, se vê como um policial fardado. Por isso mesmo, nunca houve tantas polícias institucionais; nunca houve tamanha mobilização por punições leves e severas, por grandes e pequenos encarceramentos. Entre inúmeros direitos, a oscilação entre a aceitação e o clamor por extermínios e chacinas acompanha o aumento do número de grupos paramilitares legais e ilegais que glorificam a morte em nome da moral do grupo e da garantia de sua preponderância violenta sobre os demais. Há polícia em todos os lugares: da justiça aos demais poderes de Estado, da polícia na polícia, da polícia dos próprios encarcerados. Polícia! Era de uma ética como conduta de paz, justiça e liberdade.

A captura da desobediência e da indisciplina pela sociedade de controle, redesenhando-as como positividades e produtividades democráticas, dimensiona mais uma vez o individualismo burguês. Depois do exame de consciência por si e/ou com ajuda do prelado, do psicólogo, psiquiatra, psicopedagogo, psicanalista, do fortalecimento do policial em si e na instituição, mais uma dissolução do dentro e fora acontece por meio da aparição da educação pela auto-ajuda e pela cultura de identidades, como o *hip-hop*, ou pelo fluxo de cultura popular de massa articulado pelas ONGs.

Ela estimula a crença em si e o sonho de se tornar celebridade, um destaque no meio do anonimato, um pálido reconhecimento, mesmo entre os poucos freqüentadores de uma escolinha no cafundó de uma favela, no vaivém dos efêmeros grupos de comunidades eletrônicas e sites de relacionamentos, até ser reconhecido como um integrante da disforme elite composta pelos beneficiários dos direitos compensatórios e que circula entre campos de concentração.

A crença na auto-ajuda colabora para que a ética não seja nada mais do que um comportamento particular exemplar da moral. É por isso que esse individualismo na sociedade de controle exige, também, que além da auto-ajuda se ampare os que precisam. Isso revela a aparição da figura do individualista altruísta, pois é exercitando sua piedade que ele obtém o reconhecimento publicitário de sua bondade.

É ele que busca eliminar o insuportável e regular os desregramentos. Quando o intolerável o atinge, e ele não tem mais como conseguir uma breve projeção ou um anonimato condizente e respeitável de defensor da tolerância, ele se torna o perdedor radical: solitário como um *serial-killer*, em gangues de bairros e prisões, ou até mesmo em organizações terroristas religiosas. Por isso mesmo, a religião não é mais só alienação e tampouco a auto-ajuda é um benefício; ambas conformam fluxos de duas procedências: de conservação e de extermínio.

Como desgovernar-se na sociedade de controle? Como viver numa sociedade em que, a qualquer momento, você está incluído? Como ultrapassar a captura das experimentações anarquistas por esse conservadorismo moderado da sociedade de controle?

Ensaio

Os anarquistas, ao investirem em práticas educativas que potencializavam a liberdade, estavam atentos às forças que buscavam a institucionalização da relação de mando e obediência, calcadas na autoridade centralizada e que se justificava pela produção de um ensino em escala nacional. As escolas anarquistas, por sua vez, não negligenciavam os resultados científicos, porém os traziam para o interior da educação de crianças, jovens e adultos, segundo suas vontades, talentos e disponibilidades, tanto na sua escola como em ateneus, associação de trabalhadores, grupos de teatro, coletivos de imprensa e muitos mais.

Nestas escolas também se dava muita atenção às pequenas coisas ou mesmo até às consideradas obsoletas pela indústria, pelo comércio, pelos serviços governamentais identificados como serviços públicos, essa ardilosa maneira de tratar o público identificado com políticas de Estado. Para um anarquista, ao contrário, qualquer *ação direta* deve ser uma ação pública, mais do que um contraposicionamento, um antiposicionamento na atual sociedade de controle.

Para os anarquistas, estava em jogo a potencialização da vida e a possibilidade de experimentar uma liberdade própria diante dos efeitos reguladores que norteavam as preocupações e decisões governamentais e empresariais voltadas a um ensino dirigido a reformas técnicas, restaurações institucionais e até salvações morais. Retomar, hoje em dia, as práticas libertárias em educação, não implica mais avaliar se, no passado, as experiências específicas de cada associação ou indivíduo foram bem sucedidas e se, no presente, elas se constituem em modelos ou referências.

A educação libertária não opera por modelos, modulações e mimetismos. Ela responde às exigências, inquietações e incômodos dos anarquistas em cada época, sob as mais diversas pressões e circunstâncias. Resultam de lutas que não cessam. Relacionam-se aos interesses, necessidades, vontades, desejos e prazeres dos que têm a coragem de não sair da luta. Quando alguém diz amor livre, diz prática de sexo livre, diz: obrigado anarquistas! "O amor livre compreende muitas variedades que se adaptam aos diversos temperamentos amorosos" (ARMAND, 2003). O extraordinário se tornou uma prática comum e o que esse comum dela fez, provoca, hoje em dia, outras ações libertárias para retirar o sexo não só da monogamia, mas das prescrições, recomendações, desempenhos, encenações, enfim, das novas representações que tentam obstruir a experimentação das incomensuráveis potências de prazer que os corpos podem inventar.

Não faz mais sentido falar de escola na atualidade, mas voltar a falar de invenção de liberdade como possibilidade de lidar com o inédito. No passado, experimentar estava relacionado com o contraposicionamento: escola nacional/escola libertária; universidade oficial/universidade popular, sindicato de categoria/sindicato revolucionário, partido da revolução/ movimento revolucionário; afinal, para cada movimento um contramovimento também, um fazer oposto, uma tentativa de retomar uma natureza humana boa e que foi pervertida, a libertação, a emancipação humana. Agora, não estamos mais na era da experimentação do contraposicionamento.

Numa sociedade de controle a céu aberto que não suporta resistências, que pretende incluí-las de vez ou simplesmente eliminá-las pela convocação à participação democrática, os anarquistas em luta ensaiam outras existências. Suas *ações diretas* saíram da recusa, da substituição, da experimentação do reverso da ordem para outra ordem, da sociedade com Estado para a sociedade sem Estado, e alcançam ensaios ainda pouco visíveis sobre a vida das associações sem sociedade.

O ensaio do anarquista pode se dar dentro ou fora das instituições, mesmo porque ele não lida mais com a dicotomia dentro-fora; a atitude anarquista explicita-se como pública constantemente, habitando o *fora*, não temendo e encarando a captura, agindo como guerreiro que parte para o combate sem hesitar diante da luta, apreciando a própria luta, sem se deixar levar pelos objetivos da vitória, da guerra e da conquista. Ele não pretende construir por meio de vitórias uma nova sociedade; sua luta não é mais uma guerra, mas a intensificação dos combates como maneira de minar a sociedade, de explicitar suas fragilidades, podridões e abreviar sua morte anunciada. O anarquista não restaura mais a sociedade, deixa-a morrer. E isso ele faz, não por uma conduta misericordiosa e redentora, mas como um facilitador da morte da idéia, do espírito e do transcendente para facilitar a vida como ensaio.

O anarquista habita as instituições como um vírus, os fluxos como vacúolo, as relações pessoais como invenções libertárias da vida de quem está vivo não mais somente pelo diagnóstico biológico, pela filosofia, pelo Direito, pela produtividade econômica, pela participação em qualquer convocação, mas porque transformou a guerra permanente, que pode levar ao extermínio, restauração da soberania ou à ilusão do indivíduo definitivamente livre e autônomo, em *luta infinda*.

Não há mais a busca da paz perpétua, do ideal de instituição da paz, da política sem guerra, do fim da política, da confederação da paz, da eterna democracia em aperfeiçoamento. Não há mais o sonho, a utopia da emancipação humana, ou de qualquer outra emancipação. Não há mais também o Homem criado pelo Iluminismo. E tampouco o confronto macro/micro, molar/molecular, da mesma maneira que se dissolveu o dentro e o fora, em *o fora*; o coletivo e o individual, talvez em *o único*; a sociabilidade em *associabilidade*; a sociedade em *miríades de associações*; e foi o fim do niilismo.

Conversação

As maneiras que os anarquistas encontram para realizar atividades, invenções e lutas estão sempre relacionadas com educação. Pode ser que, em um momento essa, educação peça escola, mas será uma escola diferente, suave, intensa, guerreira, liberadora e libertária. É difícil, também, apontar quando os anarquistas não praticam educação, da mesma forma que é impossível definir um modelo de educação para eles.

Educar está na vida da casa, na ida e volta do trabalho, no próprio trabalho; nas folgas, nos amores, nos jogos com crianças, nos estudos, nas aventuras com e entre jovens; em fazer teatro sem ser ator ou espectador; em promover palestras para ampliar as conversações; em filmar, fotografar, gravar, cantar, escrever, ler, ouvir e falar sem se escorar na autoridade do proprietário do saber; em praticar ajuda mútua. Um anarquista educa e se educa pela coexistência de singularidades favorecedoras da potência de uma existência singular.

Diante do soberano, chame-se pai ou rei, presidente, etc., um anarquista desobedece. Diante do governo das disciplinas nas instituições hierarquizadas, um anarquista resiste com indisciplinas no corpo e na mente. O aviltamento é inadmissível!

A sociedade de controle, ao convocar à participação pela panacéia democrática, invocando o fim das resistências, reduz a vida a uma escolha utilitarista entre idéias, políticas, sonhos. Ela pretende fazer crer que o capitalismo é infinito na sua capacidade de reciclar restaurações, capturar contestações em favor de seu aperfeiçoamento e torná-lo indestrutível. Um anarquista, nômade, com sua associação, dela escapa sem se recolher no consolo da utopia de uma nova sociedade. Realiza suas heterotopias não mais em função de uma utopia emergencial; ele as pratica, insurgindo-se livre, exuberante, audaz nas suas lutas, inventando-se nestes combates e realizando o extraordinário. Não é só um desobediente, indisciplinado, mas principalmente um inventor de liberdades. Chega ao final a era da pedagogia libertária e da retomada da educação anarquista.

.. ..

A história recente dos anarquismos no Brasil e a diversidade de suas batalhas, desde o final da década de 1970, ganharam outros espaços. Os centros culturais e federações operárias foram reativados; apareceu o jornal "O inimigo do rei"; alguns professores universitários acolheram cursos livres sobre anarquismos, liberando a anarquia do domínio acadêmico dos marxistas e liberais para coabitar com estudantes experimentações libertárias; jovens insurgentes desescolarizados interessaram-se por anarquia e formaram o movimento anarco-punk; vieram as editoras, as revistas, os fanzines, os coletivos e os núcleos anarquistas divulgando o passado e a atualidade libertária.

A publicação de traduções e originais anarquistas trouxe registros de lutas, greves, pessoas, maneiras de lidar com as dificuldades e ensaiar a vida livre acompanhadas de arquivos de imagens e documentos. Os anarquismos também se aproximaram dos fluxos eletrônicos, pela Internet, reduzindo distâncias e intensificando informações entre eles. A anarquia no trabalho e nas atividades não se dá mais em lugares fixos, mas pela experimentação em espaços, pouco importando tamanho, limites, lugar, luzes, escuridões e silêncios.

.. ..

Um clichê: se um extraterreno chegasse por aqui e entrasse em um escritório de secretaria ou ministério de educação, notaria que quase não falta escola, professor, funcionário, psicopedagogo, assistente, supervisor, secretária, material didático, comida, e concluiria, sem precisar visitar uma escola, que as crianças dessa terra são cuidadas com zelo, carinho, instrução... Fim do clichê: não há extraterreno; existem milhares ou milhões de crianças pelos lixos, pelas ruas, pelos prostíbulos para serem comidas por homens e mulheres famintos de sexo; cortiços, favelas, ou para ser correto, comunidades; vielas, avenidas largas com carros poderosos, de famílias poderosíssimas, que as devoram, que delas compram drogas, que lhes dão drogas, bebidas e comidas e roupas e armas; e outros miseráveis que pegam essas crianças para comer, matar, incendiar, escravizar, fazê-los sicários, *falcões*, *aviões*, moleques de recado; brancos, pretos, mulatos, quase totalmente pretos, ou sei lá, qualquer coisa que a ação afirmativa ainda não pegou, mas que a polícia pega, come, aprisiona, mata, negocia, chuta e chupa, cospe, vomita, e bate, como bate o pai, a mãe, o avô, avó, tio e tia, responsável, madrasta e padrasto, o irmão mais velho, mais novo, todos eles de qualquer classe social e, de vez em quando, matam; eles querem comer essas crianças; os padres comem as crianças, os pastores comem as crianças, e todos querem salvar a moral; elas existem para que isso continue, para que elas continuem existindo e dando continuidade a isso, matando, tomando, batendo, chutando, socando, esfaqueando quem passar pela sua frente em um momento azarado para ambos; não há programa, merenda, recuperação escolar, conselho tutelar, conselho escolar, conselho para dar e vender, polícia e psicólogo e pedagogo e humanitários, humanistas, que façam com que isso deixe de existir, que pare de acontecer; como parar de parir crianças podres, fetos fedidos, abortos inacabados, libidinosas virgens infantis, putinhas e putinhos, da alta e da baixa, do alto e de baixo?; onde eles enfiarão o sangue, o suor, a merda dessa gente?; quem olha para tudo isso não quer mais lidar com o transtorno, quer acabar com eles, matá-los, prendê-los, interná-los, desaparecer com eles, dar cabo deles, sumir deles, interná-los no inferno para clarear seu plúmbeo céu.

.. ..

O Nu-Sol (Núcleo de Sociabilidade Libertária do Programa de Estudos Pós-Graduados em Ciências Sociais da PUC-SP) existe desde 1997. Seu trabalho cotidiano é uma prática de experimentação anarquista. Não segue modelos. Nos percursos de trocas recíprocas e generosas, que cada trabalho libertário exige, instauram-se descobertas e se produzem saberes. O Nu-Sol ecoa, a seu modo, a sugestão de Michel Foucault: *"o saber não é feito para compreender, é feito para cortar"*.

O Nu-Sol é um espaço de invenção e de risco, um abrigo precário que não exige fidelidades e se pauta por relações amistosas intensas. A sua perspectiva libertária é a do pensar criança, proveniente do filósofo Max Stirner, em que os instintos abalam as certezas da razão e não se submetem às domesticações das paixões.

É um Núcleo autogestionário que produz revista semestral (*Verve*); site (www.nu-sol.org); boletim informativo eletrônico mensal (*hypomnemata*), comentários semanais sobre pessoas, coisas e o planeta (*flecheira libertária*); livros; a coleção *Escritos libertários*, em 27 volumes; vídeos; curadorias de exposições; intervenções de televisão como os anti-programas *ágora, agora* e *os insurgentes*, exibidos, desde 2007, no Canal Universitário/TV PUC-SP e pela TV Nu-Sol *online* (http://tv.nu-sol.org); traduções, festas, aulas-teatro e muita pesquisa. As discussões públicas na PUC-SP e em qualquer espaço são realizadas com cientistas, artistas, ativistas e autodidatas como conversações que derivam em outras conversações.

O Nu-Sol é composto por pesquisadores libertários desde a Iniciação Científica até o Pós-Doutorado. Realiza cursos curriculares na graduação – o de anarquismo existe como matéria, em Ciências Sociais, desde 1988 – e na pós-graduação, e cursos livres abertos a interessados, sem pré-requisitos universitários e certificações.

Produz e pratica o anarquismo como memória e atualidade, procedendo daí seu interesse no abolicionismo penal como estratégia de resposta às urgências locais que afirmam a possibilidade do fim do encarceramento. O anarco-abolicionismo penal é um estilo de vida que expressa a supressão do castigo em si e sobre o outro.

A educação no Nu-Sol dissolve a distinção entre o público e o privado; ela é interessada: o Nu-Sol afirma as diferenças nas práticas libertárias.

.. ..

Indicamos alguns escritores, publicações e sites que consideramos relevantes para a relação entre anarquismos e educação, lembrando ao leitor que há em livros e na Internet farto material sobre a história do anarquismo e as associações libertárias do passado e do presente.

Escritores anarquistas brasileiros

Atuais: Margareth Rago, Roberto Freire, Salete Oliveira, Edgar Rodrigues, Guilherme Corrêa, Silvio Gallo, Maria Oly Pey, Rogério Nascimento, Raquel Azevedo, Nildo Avelino, Clovis Kassick, Milton Lopes, João da Mata, José Carlos Morel, Natalia Montebello, Thiago Souza Santos, Lucia Soares, Ricardo Lippi, jovens anarco-punks.

Históricos: José Oiticica, Maria Lacerda de Moura, Lima Barreto, Edgard Leuenroth, Florentino de Carvalho, Roberto das Neves, Rodolfo Felipe, Avelino Foscolli, João Penteado, Adelino de Pinho, Domingos Passos, Neno Vasco, Fabio Luz, Felipe Gil de Souza Passos, Pedro Catallo, Jaime Cubero, anônimos e pseudônimos encontrados em jornais de época.

Revistas e periódicos em língua portuguesa: *Verve*. Revista semestral autogestionária do Nu-Sol nu-sol@nu-sol.org e www.nu-sol.org; *Letralivre*. Revista de cultura libertária, arte e literatura letralivre@gbl.com.br; *Utopia*. Revista anarquista de cultura e intervenção culturalavida@sapo.pt e www.utopia.pt; arquivos de *O inimigo do Rei* no Centro de Cultura Social de São Paulo e Revista *Libertárias*, no Nu-Sol.

Sites

- Nu-Sol. Núcleo de Sociabilidade Libertária. PUC-SP, São Paulo-Brasil
  http://www.nu-sol.org
- Centro de Cultura Social de São Paulo (CCS-SP), São Paulo-Brasil
  http://www.ccssp.org
- Editora Achiamé
  www.achiame.cjb.net
- Anarkiisto
  http://www.anarkopagina.org
- Arquivo Edgar Leuenroth, UNICAMP, Campinas-Brasil
  http://www.ifch.unicamp.br/ael
- CEDEM - Centro de Documentação e Memória, UNESP, São Paulo,Brasil
  http://www.cedem.unesp.br
- Arquivo Público do Estado de São Paulo, São Paulo-Brasil
  http://www.arquivoestado.sp.gov.br
- Biblioteca Nacional, Rio de Janeiro-Brasil
  http://www.bn.br
- Pedagogia libertária, UNICAMP, Campinas-Brasil
  http://www.histedbr.fae.unicamp.br
- Federação Libertária Argentina, Buenos Aires- Argentina
  http://www.libertario.org.ar
- Federação Internacional de Arquivos e Bibliotecas Libertárias
  http://ficedl.info
- Biblioteca Popular Jose Ingenieros, Buenos Aires- Argentina
  http://www.nodo50.org/bpji
- El Libertário, jornal, Caracas-Venezuela
  http://www.nodo50.org/ellibertario
- Comunidad del Sur, Associação de vida anarquista, Montevidéu-Uruguai
  http://www.ecocomunidad.org.uy
- 1ª Internacional de Trabalhadores
  http://dwardmac.pitzer.edu:16080/Anarchist_Archives/firstinternat.html

- Revista Utopia/Centro Cultural "A Vida", Lisboa/Portugal
  http://www.utopia.pt
- Fundación Anselmo Lorenzo, arquivos e editora, Madrid-Espanha
  http://www.cnt.es/fal
- C.I.R.A Centre International de Recherches sur l'Anarchisme, Lausanne-Suiça
  http://www.cira.ch
- Attelier de Création Libertaire, Lyon-França
  http://www.atelierdecreationlibertaire.com
- Centre de Studi Libertari/Archivo Giuseppe Pinelli, Milão-Itália
  http://www.centrostudilibertari.it
- Biblioteca Franco Serantini, Piza-Itália
  www.bfs.it
- Sebastien Faure, arquivos
  http://dwardmac.pitzer.edu:16080/Anarchist_Archives/bright/faure/faurearchive.html
- Paul Robin, arquivos
  http://increvablesanarchistes.org/articles/avan1914/cempuis_probin.htm
- Max Stirner, arquivos
  http://www.nonserviam.com/egoistarchive/stirner
- Michel Foucualt, arquivos
  http://www.michel-foucault-archives.org
- Pierre-Joseph Proudhon, arquivos
  http://dwardmac.pitzer.edu/Anarchist_Archives/proudhon/Proudhonarchive.html
- Willian Godwin, arquivos
  http://dwardmac.pitzer.edu/Anarchist_Archives/godwin/Godwinarchive.html
- Paul Goodman, arquivos
  http://www.alteich.com/links/goodman.htm
  http://dwardmac.pitzer.edu:16080/Anarchist_Archives/bright/goodman/index.html
- Paul Robin, Nocolas Bourguimat. Regéneration humaine et éducation libertaire
  http://www.mapage.noos.fr/renaudviolet/presentation.htm
  http://www.mapage.noos.fr/renaudviolet/chap5.htm
- Education Revolution
  http://www.educationrevolution.org/demschool.html
- IDEN - International Democratic Education Network
  http://www.tdenetwork.org/idec-newsletters/idec-newsletters-english-1.htm

Referências

AUGUSTO, Acácio. Anarco-abolicionismo penal: uma proposta para estancar a mentalidade punitiva. *Revista PUCVIVA*. São Paulo: APROPUC-SP, n. 30, 2007, p. 35-39.

ARMAND, Émile. *El anarquismo individualista*. Barcelona: Ed. Pipitas de Calabaza, 2003, p. 92.

AUGUSTO, Acácio. Os anarquistas e as prisões: notícias de um embate histórico. *Revista Verve*, São Paulo: Nu-Sol, v. 9, p. 129-141, 2006.

AUGUSTO, Acácio. Terrorismo anarquista e a luta contra as prisões. In.: PASSETTI, Edson; OLIVEIRA, Salete (Orgs.). *Terrorismos*. São Paulo: Educ, 2006. p. 139-148.

AVELINO, Nildo. A constituição de si na experiência da Revolução Espanhola. *Revista Verve*. São Paulo: Nu-sol, v. 10, p. 183-203, 2006.

BAKUNIN, Mikhail. *A instrução integral*. Tradução de Luiz Roberto Maltac Plínio A. Coelho. São Paulo: Nu-Sol/Imaginário/IEL, 2003.

BAKUNIN, Mikhail. *A sociedade ou fraternidade internacional revolucionária (1865)*. Coletado por Max Nettlau. Disponível em: <http://www.pfilosofia.xpg.com.br/03_filosofia/03_09_textos_anarquistas/textos_anarquistas_06.htm>.

BAKUNIN, Mikhail. *O Deus e Estado*. Tradução de Plínio A. Coelho. São Paulo: Nu-Sol/Imaginário/Coletivo Anarquista Brancaleone, 2000.

BAKUNIN, Mikhail. O princípio do Estado. *Revista Verve*. São Paulo: Nu-sol, v. 11, p. 50-77, 2007.

BOOCKCHIN, Murray. *Municipalismo libertário*. São Paulo: Nu-Sol/Imaginário/Coletivo Anarquista Brancaleone, 1998.

BRASIL. Lei 8.069 de 13 julho 1990. *Estatuto da Criança e do Adolescente*. Disponível em: <http://www.planalto.gov.br/ccivil/LEIS/L8069.htm.>.

CALZAVARA, Tatiana da Silva. *Práticas da educação libertária no Brasil – A experiência da Escola Moderna em São Paulo*. Dissertação (Mestrado) – São Paulo: Universidade de São Paulo, 2004.

CHRISTIE, Nils. *A indústria do controle do crime*. Tradução de Luis Leria. Rio de Janeiro: Forense, 1998.

CHRISTIE, Nils. *A suitable amount of crime*. London/New York: Routledge, 2004.

CODELLO, Francesco. A democracia direta na escola. *Revista Educação Libertária*. São Paulo: IEL/Imaginário, 2006.

CODELLO Francesco. *La buona educazione. Esperienze libertarie e teorie anarchiche in Europa da Godwin a Neill*. Milano: FrancoAngeli, 2005.

CORRÊA,Guilherme. *Educação, comunicação, anarquia. Procedências da sociedade de controle no Brasil*. São Paulo: Cortez, 2006.

CRIME e Punição. *Revista Verve*. São Paulo, v. 5, p. 11-86, 2004. Disponível em: <http://www.nu-sol.org>.

ENZENSBERGER, Hans Magnus. *El perdedor radical. Ensayo sobre los hombres del terror*. Barcelona: Anagrama, 2006.

ESCOLA da ponte. Disponível em: <http://itaucultural.org.br/index.cfm?cd_pagina=2132&cd_materia=1123>.

FAURE, Sebastién. *Ecrits pedagogiques*. Paris: Editions du Monde Libertaire, 1992.

FAURE, Sebastién. *L'enfant*. Paris: Groupe de propagande par la broch, 1921.

FAURE, Sebastién. *Propos d'éducateur*. Paris: Groupe de propagande par la broch, 1910.

FERREIRA, José Maria Carvalho. Élisée Reclus: vida e obra de um apaixonado pela natureza e a anarquia. *Revista Verve*. São Paulo: Nu-Sol, v. 10, p. 109-135, 2006.

FERREIRA, José Maria Carvalho. Pedagogia libertária versus pedagogia autoritária. In: *Educação libertária – textos de um seminário*. Rio de Janeiro: Achiamé, 1996, p. 109-133.

FERRER I GUÀRDIA, Francesc. La escuela moderna. Mondevideo: Ediciones Solidariedad, 1960.

FOUCAULT, Michel. Do governo dos vivos. *Revista Verve*. São Paulo: Nu-Sol, v. 12, p. 270-298, 2007.

FOUCAULT, Michel. O que são as luzes? In: MOTTA, Manoel Barros da. (Org.). *Ditos e escritos II: arqueologia das ciências e história dos sistemas de pensamento*. Tradução de Elisa Monteiro. Rio de Janeiro: Forense Universitária, 2005. p. 335-351.

FOUCAULT, Michel. Outros espaços. In: MOTTA, Manoel Barros da. (Org.). *Estética: literatura e pintura, música e cinema*. Tradução de Inês A. D. Barbosa. Rio de Janeiro: Forense, 2001. p. 411-422.

FOUCAULT, Michel. *Vigiar e punir*. Tradução de Ligia M. Pondé Vassalo. Petrópolis: Vozes, 1977.

GOODMAN, Paul. *La des-educación*. Barcelona: Fontanella, 1976.

HULSMAN, Louk. Alternativos à justiça criminal. In: PASSETTI, Edson (Org.). *Curso livre de abolicionismo penal*. Rio de Janeiro: Revan; São Paulo: Nu-Sol, p. 35-68, 2002.

HULSMAN, Louk. Temas e conceitos numa abordagem abolicionista da justiça criminal. *Revista Verve*. São Paulo: Nu-Sol, v. 3, p. 190-219, 2003.

IDEN. *IDEC Newsletter*, mar. 2007. Disponível em: <http://www.idenetwork.org/idec-newsletters/idec-newsletters-english-1.htm/>.

KROPOTKIN, Piotr Alexeyevich. *A questão social: o humanismo libertário em face da ciência*. Rio de Janeiro: Editora Mundo Livre, s/d.

KROPOTKIN, Piort Alexeyevich. *Russian and french prisons*. Londres: Ward and Downey, 1887.

KROPOTKIN, Piotr. *El apoyo mutuo: un factor de la evolución*. Móstoles: Ediciones Madre Tierra, 1989.

KROPOTKIN, Piotr. *Ética: origen y evolución de la moral*. Buenos Aires: Editorial Argonauta, 1925.

LEUENROTH, Edgar. *Anarquismo, roteiro da libertação social*. Rio de Janeiro/São Paulo: Achiamé/Centro de Cultura Social SP, 2007.

LEUENROTH, Edgar. Porque os anarquistas não aceitam a ação política eleitoral. *Revista Verve*, São Paulo: Nu-Sol, v. 2, p. 10-19, 2002.

LIPIANSKY, Edmond-Marc. *A pedagogia libertária*. Tradução de Plínio A. Coêlho. São Paulo: Nu-Sol/Imaginário/Coletivo Anarquista Brancaleone, 1999.

LOPREATTO, Christina Roquette. O espírito das leis: anarquismo e repressão política no Brasil. *Revista Verve*. São Paulo: Nu-Sol, v. 3, p. 75-91, 2003.

LOUISE, Michel. *Revista Verve*, São Paulo: Nu-Sol, v. 10, p. 101-108, 2006.

LUIZZETTO, Flavio. *Utopias anarquistas*. São Paulo: Brasiliense, 1987.

MAITRON, Jean. Émile Henry, o benjamim da anarquia. *Revista Verve*. São Paulo: Nu-Sol, v. 7, p. 11-42, 2005.

MAITRON, Jean. *Le mouvement anarchiste em France*. Paris: Gallimard, 1975. 2 v.

MALATESTA, Errico. *A anarquia*. Tradução de Plínio A. Coelho. São Paulo: Nu-Sol/Imaginário/Coletivo Anarquista Brancaleone, 1999.

MALATESTA, Errico. *Escritos*. Madrid: Fundación de Estúdios Libertários Anselmo Lorenzo, 2002.

MILLER, Ron. *History & theory of educational alternatives online course*. 2008. Disponível em: <http://www.educationrevolution.org/historycourse.html/>.

MINTZ, Jerry. *Democratic School Governance*. Disponível em: <http://www.educationrevolution.org/demschoolgov.html/>.

MINTZ, Jerry. *Start a school 101 course*. 2008. Disponível em: <http://www.educationrevolution.org/course.html/>.

MOSQUETE, Maria Tereza Vicente. Eliseo Reclus y España. In.: HOFMANN, Bert; JOAN I TOUS, Pere; TIETZ, Manfred (Eds.). *El anarquismo español y sus tradiciones culturales*. Frankfurt/Madrid: Vervuet/Iberoamericana, 1995. p. 393-408

NASCIMENTO, Rogério H. Z. *Florentino de Carvalho, pensamento social de um anarquista*. Rio de Janeiro: Achiamé, 2000.

NASCIMENTO, Rogério H. Z. *Indisciplina: experimentos literários no Brasil*. 2006. Tese (Doutorado). Pontifícia Universidade Católica de São Paulo, São Paulo, 2006.

NIETCHÁIEV, Sergei. O catecismo revolucionário. *Revista Verve*. São Paulo: Nu-Sol, v. 11, p. 78-94, 2007.

OLIVEIRA, Salete. Anarquia e dissonâncias abolicionistas. *Revista Ponto e Vírgula*. São Paulo: Pós-Graduação Ciências Sociais PUC-SP, v. 1, 2007. Disponível em: <http://www.pucspbr/ponto-e-virgula/n1/artigos/1-SaleteOliveira.htm.>.

PASSETTI, Edson. *Anarquismos e sociedade de controle*. São Paulo: Cortez, 2003.

PASSETTI, Edson. Crianças carentes e políticas públicas. In.: DEL PRIORI, Mary. (Org.). *História das crianças no Brasil*. São Paulo: Contexto, 1999. p. 347-375.

PASSETTI, Edson. Ensaio sobre um abolicionismo pena. *Revista Verve*. São Paulo: Nu-Sol, v. 9, p. 83-114, 2006.

PASSETTI, Edson. *Éticas dos amigos. Invenções libertárias da vida*. São Paulo: Imaginário, 2003.

PASSETTI, Edson. Heterotopias anarquistas. *Revista Verve*. São Paulo: Nu-Sol, v. 2, p.141-172, 2002.

PASSETTI, Edson. Poder e anarquia. Apontamentos libertários sobre o atual conservadorismo moderado. *Revista Verve*. São Paulo: Nu-Sol, v 12, p. 11-43, 2007.

PASSETTI, Edson. Vivendo e revirando-se: heterotopias libertárias na sociedade de controle. *Revista Verve*. São Paulo: Nu-Sol, v. 10, p. 183-203, 2006.

PASSETTI, Edson; OLIVEIRA, Salete (Orgs.). *Terrorismos*. São Paulo: EDUC, 2006.

PEDREIROS da anarquia, Os. *Revista Verve*. São Paulo: Nu-Sol, v. 7, p. 178-193, 2005.

PEREIRA, Luiz. *O acontecimento do sexo: cartografando a sexualidade na prática da educação sexual e no espaço dos parâmetros nacionais curriculares*. Tese (Doutorado em Ciências Sociais) – Pontifícia Universidade Católica de São Paulo, São Paulo, 2003.

PROUDHON, Pierre-Joseph. *Apuntes autobiográficos*. In: VOYENNE, Bernard (Org.). Mexico: Fondo de Cultura Econômica, 1987, p. 225-227.

PROUDHON, Pierre-Joseph. *Idèe génèral de la révolution au 19e.siécle*. Antony: Groupe Fresnes-Antony, 1979.

PROUDHON, Pierre-Joseph. Instrução pública: condições de um ensino democrático. In: RESENDE, Paulo; PASSETTI, Edson (Orgs.). *Proudhon*. São Paulo: Ática, 1986. p. 186-193. (Coleção Grandes Cientistas Sociais).

PROUDHON, Pierre-Joseph. *O que é a propriedade?* 1840. Disponível em: <http://brasil.indymedia.org/media/2007/07//387423.pdf/>.

RAYNAUD, Jean-Marc. *Paul Robin (1837-1912) et l'Orphelinat de Cempuis*. Disponível em: <http://increvablesanarchistes.org/articles/avan1914/cempuis_probin.htm>.

RAYNAUD, Jean-Marc. *¡URGENTE! Escuela Bonaventure*, Confederación Nacional del Trabajo, 4 dez. 2004. Disponível em: <http://www.cnt.es/fseclm/article.php3?id_article=33>.

REVISTA NOVA ESCOLA. Disponível em: <http://novaescola.abril.uol. com.br/ed/171_abr04/html/falamestre.htm>.

RODRIGUES, Edgar. *O anarquismo, na escola, no teatro, na poesia*. Rio de Janeiro: Achiamé, 1992.

RODRIGUES, Edgar. Os pedreiros da anarquia. *Revista Verve*. São Paulo: Nu-Sol, v. 7, 2005, p. 178-193.

RODRIGUES, Edgar. *Um século de história política social em documentos*. Rio de Janeiro: Achiamé, v. II, 2007. p. 76-81.

RODRIGUES, Edgar. *Universo ácrata*. Florianópolis: Insular, v. 2, p. 52-72, 1999.

SANTOS, Thiago Souza. Liberdade assistida: uma tolerância intolerável. *Revista Verve*. São Paulo: Nu-Sol, v. 9, p. 115-128, 2006.

STIRNER, Max. O falso princípio de nossa educação. In.: MIRANDA, S. Bragança. (Org. e Trad.). *Textos dispersos*. Lisboa: Via Editora, 1979.

STIRNER, Max. *O único e sua propriedade*. Tradução de João Barrento, Lisboa: Antígona, 2004.

TOLSTOI, Liev. *Contos da nova cartilha: primeiro livro de leituras*. Tradução de Maria Aparecida B. P. Soares. São Paulo: Ateliê, 2005.

WILDE, Oscar. *A alma do homem sob o socialismo/Escritos do cárcere*. Tradução de Maria Ângela Saldanha Vieira de Aguiar. Porto Alegre: LP&M, 1996.

*nossa palavra, em arquipélago, vos
oferece, após a dor e o desastre,
morangos que ela traz das gândaras
da morte, assim como os dedos quentes
de tê-los procurados.*

René Char

Qualquer livro do nosso catálogo não encontrado nas livrarias pode ser pedido por carta, fax, telefone ou pela Internet.

✉ Rua Aimorés, 981, 8º andar – Funcionários
Belo Horizonte-MG – CEP 30140-071

📱 Tel: (31) 3222 6819
Fax: (31) 3224 6087
Televendas (gratuito): 0800 2831322

@ vendas@autenticaeditora.com.br
www.autenticaeditora.com.br

Este livro foi composto com tipografia Garamond-Light e impresso em papel Off set 75 g. na Segrac Editora Gráfica.
